城市轨道交通工程设计文件编制深度规定

住房城乡建设部

中国建筑工业出版社

图书在版编目（CIP）数据

城市轨道交通工程设计文件编制深度规定/住房城乡建设部编. —北京：中国建筑工业出版社，2014.6（2022.2重印）
ISBN 978-7-112-16890-3

Ⅰ. ①城… Ⅱ. ①住… Ⅲ. ①城市铁路-轨道交通-设计文件-编制-规定-中国 Ⅳ. ①U239.5-65

中国版本图书馆 CIP 数据核字（2014）第 104919 号

责任编辑：刘　江　万　李
责任校对：陈晶晶　赵　颖

城市轨道交通工程设计文件编制深度规定

住房城乡建设部

*

中国建筑工业出版社出版、发行（北京西郊百万庄）
各地新华书店、建筑书店经销
北京红光制版公司制版
北京建筑工业印刷厂印刷

*

开本：787×1092毫米　1/16　印张：9　字数：185千字
2014 年 6 月第一版　　2022 年 2 月第二次印刷
定价：**36.00** 元
ISBN 978-7-112-16890-3
（25683）

住房和城乡建设部文件

建质〔2013〕160 号

住房城乡建设部关于印发城市轨道交通工程
设计文件编制深度规定的通知

各省、自治区住房城乡建设厅，直辖市建委（规划委、建交委），新疆生产
建设兵团建设局：

为进一步规范城市轨道交通工程设计深度，确保城市轨道交通工程设
计质量，我部组织北京城建设计研究总院牵头编制了《城市轨道交通工程
设计文件编制深度规定》。现印发给你们，自印发之日施行。

住房城乡建设部

2013 年 11 月 18 日

前　言

根据住房城乡建设部工程质量安全监管司有关工作安排，结合当前城市轨道交通工程建设对设计深度的要求，由北京城建设计发展集团股份有限公司（原北京城建设计研究总院有限责任公司）牵头对《市政公用工程设计文件编制深度规定》（2004年版）中"城市轨道交通工程"部分进行修编，并单独成册。

本规定与2004年版规定相比，主要修改了以下内容：

1. 针对国家关于加强安防设施、节能、社会稳定风险评估和固定资产投资项目审批/核准等相关要求，可行性研究章节增加了安防、节能和社会稳定风险评价等相关内容；

2. 根据近十年来我国城市轨道交通建设积累的做法、经验和新系统的采用，增加了综合监控、乘客信息、办公自动化、车站内部管线综合、安全防范、站台门、声屏障、门禁等章节；

3. 各设计阶段增加了相关专题报告并对内容及要求作了规定；

4. 全面细化了设计文件的深度要求，有针对性地补充了相关内容。

本规定由住房城乡建设部批准，北京城建设计发展集团股份有限公司（原北京城建设计研究总院有限责任公司）负责解释。

本规定主要起草人员：

总负责：杨秀仁　杨兴山

各章节起草人员：　杨秀仁　杨兴山　任　静　毛励良　宋　毅　徐成永

　　　　　　　　　张丁盛　吴建忠　董立新　曹宗豪　黄美群　鲁卫东

　　　　　　　　　阙　孜　王奕然　喻智宏　李　妍　潘学英　郭　婷

　　　　　　　　　曾德光　徐　崴　李明阳　杨俊伟　延　波　李　欣

　　　　　　　　　关　欣　王文红　任宇华　高灵芝

编 制 说 明

本规定是在 2004 年版《市政公用工程设计文件编制深度规定》"城市轨道交通工程"篇的基础上补充修订而成，适用于城市轨道交通工程可行性研究、初步设计、施工图设计及其投资估算和概算编制。

轨道交通工程设计一般分为前期工作和工程设计两部分。前期工作包括项目建议书、预可行性研究、可行性研究。工程设计包括初步设计和施工图设计。本规定包括可行性研究、初步设计和施工图设计三个阶段。

工程可行性研究应以批准的项目建议书和委托书为依据，其主要任务是在充分调查研究、评价预测和必要的勘察工作基础上，对项目建设的必要性、经济合理性、技术可行性、实施可能性、对环境的影响性，进行综合性的研究和论证，对不同建设方案进行比较，提出推荐方案。可行性研究的工作成果是可行性研究报告，批准后的可行性研究报告是编制设计任务书和进行初步设计的依据。

初步设计应根据批准的可行性研究报告或方案设计进行编制，要明确工程规模、建设目的、投资效益、设计原则和标准，深化设计方案，确定拆迁、征地范围和数量，提出设计中存在的问题、注意事项及有关建议，其深度应能控制工程投资，满足编制施工图设计、主要设备定货、招标及施工准备的要求。

施工图设计应根据批准的初步设计进行编制，其设计文件应能满足施工招标、施工安装、材料设备订货、非标设备制作、加工及编制施工图预算的要求。

设计文件的编制必须贯彻执行国家有关工程建设的政策、法规、工程建设强制性标准和制图标准，遵守设计工作程序，各阶段设计文件应完整齐全，内容深度符合本规定的要求。

本规定提出的设计文件编制深度属基本要求，不影响建设单位及相关项目设计合同提出的其他要求。根据项目类型和规模，设计文件的内容可适当增减或合并，投标项目的设计文件内容可按标书的要求编制。

目　　录

城市轨道交通工程初步设计文件编制深度 ········ 24

城市轨道交通工程可行性研究报告文件编制深度

根据《国务院办公厅关于加强城市快速轨道交通建设管理的通知》（国办发〔2003〕81号）等有关规定进行编制。

可行性研究报告应在国务院批准的《城市快速轨道交通建设规划》的基础上进行编制。通过对项目有关的技术、经济等情况进行调查、研究、分析，对各种建设方案进行比选论证，并对项目建成后的企业财务效益、社会经济效益、社会影响进行预测及评价。以选择技术先进实用、建设方案合理可行、财务经济及社会效益可行、投资风险较低的工程建设方案，为项目审批提供可靠依据。

1 总 论

总论即可行性研究报告的总说明书，是可行性研究报告的概括和提炼，包括工程的建设背景、建设单位、编制单位、工程特点以及相关专业的技术方案和研究结论等。

1.1 工程背景

1.1.1 工程名称

1.1.2 工程委托单位

1.1.3 编制单位（主编、参编单位）

1.1.4 编制过程

1.2 编制依据

1.3 任务与范围

1.3.1 任务

1.3.2 研究范围

1.4 主要研究内容及结论

1.4.1 项目建设意义

1.4.2 建设范围、建设期和设计年限

1.4.3 主要研究内容

1.4.4 项目功能定位与目标

1.4.5 项目建设方案及规模

1.4.6 项目主要技术经济指标

1.5 相关专题研究结论

将相关专题研究报告的主要内容和结论意见予以说明，并作为本可行性研究报告的前提和依据，如（但不限于）：轨道交通制式选择的结论；风险可控性的结论等。

2 项目建设的必要性

2.1 城市概况
2.1.1 城市现状

2.1.2 城市经济与财力分析

2.1.3 社会经济发展状况与展望

2.2 城市总体规划概述
2.2.1 城市性质与职能

2.2.2 城市发展规模

2.2.3 城市远景发展战略

2.2.4 城市近期建设规划

2.2.5 城市中长期社会经济发展规划

2.2.6 沿线控制性详细规划

2.3 城市交通现状与规划概述
2.3.1 城市交通现状及主要问题

2.3.2 城市交通发展规划

2.3.3 线路与其他交通的衔接规划

2.4 轨道交通线网规划与建设规划
2.4.1 轨道交通线网规划

2.4.2 近期建设规划的方案及计划

2.4.3 本工程与线网中的相关工程

2.5 项目功能定位

2.6 建设的必要性
2.6.1 项目与城市总体规划的关系

2.6.2 与提高城市地位、带动城市经济发展的关系

2.6.3 与优化城市交通结构、实现综合交通一体化和网络化的关系

2.6.4 在轨道交通线网中的作用与实现轨道交通的网络效益的关系

2.6.5 对改善城市沿线环境的作用

2.6.6 建设紧迫性与建设时机

2.6.7 工程的投资能力可能性和综合效益评价

可行性研究报告应根据项目所在地的具体情况，对上述内容应进行适当增减、调整。

3 自然条件与工程地质、水文地质

3.1 城市自然地理现状（地理、水系、气候、土壤冻结深度等）

3.2 城市地形与地貌

3.3 工程地质条件与评价

3.3.1 地层岩性

3.3.2 地质构造

3.3.3 不良地质和特殊岩土

3.3.4 场地土类别和场地类型

3.3.5 土石可挖性分级及隧道围岩类别

3.4 水文地质条件与评价

3.4.1 地下水类型

3.4.2 腐蚀性评价

3.5 沿线各类工程的地质和水文地质分析与评价

3.6 场地地震灾害评价

3.7 场地地质灾害评价

3.8 防洪条件评价

3.9 环境工程地质评价

3.10 下一阶段工作计划和建议

4 客 流 预 测

将本研究中需要引用的客流预测结果摘录清楚，并进行结果的分析。

4.1 预测年限与范围

4.2 预测依据及相关资料

4.3 城市客运交通的现状与规划分析

4.4 预测方法与技术路线

4.5 客流预测结果

4.6 客流特征与可信度分析

5 主要编制原则及技术标准

5.1 编制原则

5.2 技术标准

应包括控制总体规模，尤其是各章编写时共性的、互相制约且共同遵守的技术标准，以指导全线的设计和控制各章的技术一致性。

6 行车组织与运营管理

6.1 工程概况

6.2 主要编制原则及依据

6.2.1 主要设计原则

6.2.2 主要设计依据

6.3 客流特征分析

6.3.1 预测客流量

6.3.2 客流特征分析

6.3.3 区域 OD 分析

6.3.4 客流风险分析

6.4 系统制式及列车编组

6.4.1 系统制式分析

6.4.2 列车编组方案研究

6.4.3 乘客舒适性分析

6.4.4 系统运输能力

6.5 运营交路

6.5.1 运营交路确定原则

6.5.2 运营交路方案

6.6 配线

6.6.1 配线的设置原则

6.6.2 配线设置方案

6.7 运营计划

6.7.1 运营时间

6.7.2 客流时段分布

6.7.3 全日行车计划编制

7 车 辆 选 型

8 限 界

8.7 附图

1）区间直线地段车辆轮廓线、车辆限界、设备限界图；

2）区间直线地段建筑限界图；

3）区间典型曲线地段建筑限界图；

4）直线地段车站建筑限界图。

9 线　　路

9.1 主要编制原则及技术标准

9.2 线路概况

9.3 沿线现状及规划概况

9.4 线路总体方案比选

9.5 线路平面、纵断面设计

9.6 车站分布方案

9.7 辅助线分布

9.8 附图

1）线路平面图；

2）线路纵断面图；

3）横断面图。

10 轨　　道

10.1 设计依据及设计范围

10.2 主要编制原则及技术标准

10.3 轨道结构及主要设备的方案研究

10.4 轨道减振降噪措施

10.5 杂散电流防护措施

10.6 无缝线路

10.7 铺轨基地及施工组织方案

10.8 轨道附属设施

10.9 工务维修组织机构及定员

10.10 附图、附表

1）附图：推荐扣件组装图、道床断面图、道岔总平面图、减振轨道结构道床断面图等；

2）附表：减振地段表、工程数量表。

11 路 基 工 程

11.1 主要编制原则及技术标准

11.2 路基面形状和宽度

11.3 基床、路堤、路堑

11.4 地基处理

11.5 路基排水与路基防护

11.6 特殊路基及支挡结构

11.7 过渡段与工后沉降

11.8 附图、附表

1）附图：一般路基横断面、过渡段路基横断面、支挡结构地段路基横断面；

2）附表：路基工程分布长度统计表、路基主要工程数量。

12 车 站 建 筑

12.1 车站主要设计原则及技术标准

12.1.1 主要设计原则

12.1.2 主要技术标准（包括站厅和站台公共区、设备和管理用房、出入口通道和地面亭、楼扶梯和电梯等）

12.2 车站主要功能组成及规模

12.2.1 车站主要功能组成（包括站厅、站台公共区、设备和管理用房区、辅助配线、公共区楼扶梯和售检票等通行服务设施、出入口通道以及出入口地面亭、无障碍电梯、风亭和冷却塔等附属设施）

12.2.2 车站规模（降压变电所和混合变电所的标准车站规模）

12.3 车站形式研究

12.3.1 标准车站方案研究（降压变电所、混合变电所的车站公共区通行和服务设施平面布局以及设备管理用房平面布局等）

12.3.2 换乘车站方案研究（明确换乘线车站建设时序。根据线网规划、建设时序、线路敷设方式及与既有线、在建线、规划线的换乘条件，结合客流特征研究适合本线的各种换乘方式和预留换乘条件）

12.3.3 枢纽站方案研究（包括与转乘城际交通客流的枢纽站、近郊客运中心站、市郊铁路首末站、市域和市内公交枢纽站结合方案）

12.3.4 线路起、终点站方案研究

12.3.5 特殊建筑形式车站方案研究（如：分离岛式、端头厅式、重叠站台式车站以及暗挖车站和路堑式、地面厅式等车站）

12.4 重要车站方案设计（换乘车站、带配线车站、枢纽站、线路起终点站和特殊建筑形式等重要车站）

12.4.1 ×××站

1）站址周边现状和环境；

2）站址周边规划条件（包括：规划道路红线宽度，站址周边规划用地性质和色块图）；

3）车站控制因素和站位比选（区间穿越河道、桥梁、铁路、既有建筑和地下管线等控制性建构筑物以及房屋拆迁、管线迁改、交通导改等）；

4）车站形式分析；

5）推荐方案；

6）比较方案；

7）方案比选。

12.4.2 ×××站

12.5 车站特征表（包括：车站站名、预测客流、有效站台中心里程和相邻车站的站间距、轨面埋深、站台形式和站台宽度、车站外包尺寸、车站总建筑面积以及换乘方式和预留条件、配线设置、变电所性质、区间工法等）

12.6 车站及相邻地块物业开发

12.7 车站建筑防火与防淹设计

12.7.1 车站防火设计

12.7.2 车站防淹设计

12.8 车站无障碍设计

12.9 车站建筑装修和环境设计标准

12.10 附图

1）标准车站平面、剖面图和公共区效果图（地上车站含立面图和效果图）；

2）主要车站以及重点、复杂车站的推荐方案总平面图和平面、剖面图以及比较方案总平面图和平面、剖面图；

3）换乘车站的总平面图和平面、剖面图以及换乘流线图，复杂车站应有效果图。

13 地 下 结 构

13.1 工程概况

13.1.1 工程概况

13.1.2 工程地质和水文地质概况

13.1.3　工程建设环境条件

13.2　主要编制原则及技术标准

13.2.1　主要设计原则

13.2.2　主要技术标准

13.2.3　主要遵循的规范

13.3　地下车站结构

13.3.1　地下车站施工方法和结构型式综述

根据工程地质和水文地质条件、车站建筑形式、建设环境情况，论述地下车站适宜的施工方法和结构型式，以及工程技术措施含地下水处理措施、施工辅助措施等；对于矿山法车站，应进行各种适宜工法的技术、经济、安全、工程质量、工期、环境影响的综合分析和比选。

13.3.2　基坑工程围护结构选型综述

根据工程地质和水文地质条件、地下结构型式，结合地下水处理措施，对明挖顺作法、盖挖逆作法等基坑支护结构和支撑体系的选型进行综述和比选。

13.3.3　沿线地下车站施工方法及结构型式分述

根据车站的建设条件，论述每座车站的施工方法和结构型式的选择，工程技术措施等；对于特殊车站、重难点车站应进行施工方法和结构型式的技术、经济、安全风险、工期、施工环境影响等多方面的综合论述和比选。

13.3.4　地下车站结构方案主要特征表

主要工程地质和水文地质条件、施工方法、主体结构型式、顶板覆土厚度、基坑开挖深度、围护结构体系、主要工程措施含地下水处理措施等。

13.3.5　地下车站安全风险工程分析

对全线重大风险、控制线路走向的地下车站工程自身风险和环境风险进行专门的定性分析和论述，并从方案的角度提出下一步工作建议和风险工程设计优化方向。

13.4　地下区间结构

13.4.1　区间结构施工方法及结构型式综述

根据沿线工程地质和水文地质条件、区间建筑形式、建设环境情况，论述地下区间结构适宜的施工方法和结构型式，以及工程技术措施含地下水处理措施、盾构选型、管片型式等。

13.4.2　区间附属建筑物

区间附属建筑物的类型、施工方法和结构型式、工程技术措施等。

13.4.3　沿线地下区间施工方法及结构型式分述

根据区间的建设条件，论述每座区间结构的施工方法和结构型式的选择，工程技术措施；对于特殊区间、重难点区间应进行施工方法和结构型式的技术、经济、安全风险、工期、施工环境影响等多方面的论述和比选。

13.4.4　地下区间结构方案主要特征表

主要工程地质和水文地质条件、区间长度、顶板覆土厚度、施工方法、结构型式、联络通道和泵房的设置、主要工程措施含地下水处理措施等。

13.4.5　地下区间安全风险工程分析

对全线地下区间工程自身风险和环境风险进行专门的定性分析和论述，并从方案的角度提出下一步工作建议和风险工程设计优化方向。

13.5　地下结构防水与耐久性

13.5.1　主要设计原则

13.5.2　主要技术标准

13.5.3　耐久性设计分析

13.5.4　地下车站结构防水

13.5.5　地下区间结构防水

13.6　存在的问题和建议

13.7　附图

1) 明挖法车站结构典型断面及施工步序示意图；

2) 盖挖逆作法车站结构典型断面及施工步序示意图；

3) 矿山法车站结构典型断面及施工步序示意图；

4) 矿山法区间结构典型断面及施工步序示意图；

5) 盾构区间管片结构示意图；

6) 车站、区间结构重要风险源断面及保护措施示意图；

7) 代表性地下结构防水图。

14　高　架　结　构

14.1　工程概况及工程主要特点

14.2　主要编制原则及技术标准

14.3　高架车站结构

14.3.1　结构形式

车站主体结构形式应根据车站建筑、周围环境、地质条件和地震烈度等因素综合研究确定。

14.3.2　地基及基础

14.3.3　施工方法

14.4 高架区间

14.4.1 标准桥跨结构方案及工法

14.4.2 节点桥方案

14.5 附图、附表

1）高架车站结构方案；

2）标准梁方案图、墩柱方案图；

3）节点桥式方案比较图；

4）节点桥梁表（内容包含桥位里程、相交既有道路等级、规划红线宽度、推荐桥式和布跨等）。

15 供　电

15.1 工程概况

线路敷设形式；线路长度；线路延伸情况（如有）；车站形式（有无换乘站）；线路初、近、远期运输能力；运行交路；车辆型式等。

15.2 主要编制原则及技术标准

15.3 系统构成与功能

15.4 外部电源方案

描述沿线电网现状、建设规划和送电能力，针对性地提出比选方案，通过量化分析，做到工程的可实施性与经济性的统一。

15.5 主变电所或电源开闭所的设置

15.6 中压网络与供电系统方案

15.7 牵引变电所、降压变电所的设置

15.8 牵引网制式的选择

15.9 电力监控

15.10 杂散电流腐蚀防护、接地与过电压保护

15.11 动力照明配电

15.12 谐波治理及无功补偿

15.13 用电指标分析

15.14 主要设备选型原则

15.15 附图

1）外部电源、主变电所及牵引变电所分布示意图；

2）供电系统图；

3）主变电所主接线图（如有）；

4）典型牵引、降压变电所主接线图。

16 通风、空调与供暖

16.1 主要编制原则及技术标准

16.2 系统构成及功能

16.3 系统方案比选

16.4 控制及运行模式

16.5 主要设备选型

16.6 附图

1）典型区间隧道通风系统原理图；

2）典型车站通风空调系统原理图；

3）典型车站空调水系统原理图。

17 给水排水和消防

17.1 主要编制原则及技术标准

17.2 沿线市政给水排水管网现状及规划情况

17.3 生产、生活及消防给水系统

17.4 排水系统

17.5 灭火系统

17.6 主要设备选型

17.7 附图

1）典型车站消火栓系统示意图；

2）典型车站自动灭火系统原理图。

18 通   信

18.1 概述

18.2 主要编制原则与技术标准

18.3 系统功能

18.4 系统方案及系统构成

18.4.1 专用通信系统

18.4.2 公安通信系统

18.4.3 民用通信系统

18.5 附图

1）专用通信子系统图；

2）民用通信子系统图；

3）公安通信子系统图。

19 信 号

19.1 概述

19.2 主要编制原则及技术标准

19.3 系统方案比选

19.4 系统功能及系统构成

19.5 系统控制模式

19.6 附图

1）系统功能框图；

2）系统构成示意图（推荐方案）。

20 火灾自动报警和环境与设备监控

20.1 火灾自动报警系统

20.1.1 概述

20.1.2 主要编制原则及技术标准

20.1.3 系统功能及构成

20.1.4 系统方案比选及接口

20.1.5 主要设备选型原则

20.2 环境与设备监控系统

20.2.1 概述

20.2.2 主要设计原则及技术标准

20.2.3 系统功能及构成

20.2.4 系统方案比选及接口

20.2.5 主要设备选型原则

20.3 附图

1）火灾自动报警全线网络构成图（含比选方案）；

2）环境与设备监控系统全线网络构成图（含比选方案）；

3）环境与设备监控车站系统网络图（含比选方案）。

21 自 动 售 检 票

21.1 概述

21.2 主要编制原则及技术标准

21.3 票制及运营管理模式

21.4 系统构成及功能

21.5 主要设备选型及配置

21.6 附图

1）系统功能框图；

2）全线网络系统图。

22 综 合 监 控

22.1 概述

22.2 主要编制原则及技术标准

22.3 系统构成及功能

22.4 系统方案比选

22.5 与相关系统接口

22.6 主要设备选型原则

22.7 附图

全线系统构成图（含车站、控制中心）。

23 车 站 设 备

23.1 自动扶梯及电梯

23.1.1 概述

23.1.2 主要设计原则及技术标准

23.1.3 设备选型及配置

23.2 站台门

23.2.1 概述

23.2.2 主要编制原则及技术标准

24 车辆综合基地

25 运营控制中心

26 车辆及机电设备国产化

30.2.4 主要设备选型原则及配置

30.3 周界防范

30.3.1 主要设计原则及技术标准

30.3.2 系统构成及功能

30.3.3 系统方案比选

30.3.4 主要设备选型原则及配置

30.4 安检设施

30.4.1 主要设计原则及技术标准

30.4.2 系统构成及功能

30.4.3 系统方案比选

30.4.4 主要设备选型原则及配置

30.5 附图

门禁系统图。

31 防灾及人防工程

31.1 防灾

31.1.1 编制原则

31.1.2 基本要求

31.1.3 相关防灾措施

31.2 人防

31.2.1 编制依据、设防标准

31.2.2 方案选择与各专业要求

32 管理组织机构及定员

32.1 建设管理方案

32.2 运营管理机构与工程项目法人

32.3 公司组织机构设置方案

32.4 公司组织定员

32.5 机构适应性评价

32.6 人员培训

33 工　程　筹　划

33.1 工程概况

33.2 工程建设总工期及总进度

33.3 工程实施前期准备

33.4 工程进度计划安排

33.5 全线工程建设重难点分析及专题研究

33.6 施工用地

33.7 地下管线迁改

33.8 道路交通疏解

33.9 征地、拆迁及安置补偿

33.10 试运营实施计划

33.11 附图

1）车站、区间工法及区间盾构推进示意图；

2）全线工程实施进度计划图。

34　征收补偿及安置方案

34.1 征收原则、数量及费用测算

34.1.1　临时用地占用原则、数量及费用测算

34.1.2　永久用地征收原则、数量及费用测算

34.1.3　房屋拆迁数量及费用

34.2 征收补偿及安置方案

34.2.1　征收补偿政策

34.2.2　征收补偿原则

34.2.3　补偿及安置方式

35　工　程　招　标　投　标

35.1 招标原则

35.2 招标范围

35.3 招标组织形式与方式

35.4 招标及采购方案

36 投资估算与资金筹措

36.1 投资估算

36.1.1 编制范围

36.1.2 编制依据

36.1.3 采用定额及基础数据

36.1.4 工程建设其他费用及有关费用计取

36.1.5 技术经济指标

36.1.6 附表

1）总估算汇总表；

2）总估算表；

3）综合估算表。

36.2 资金筹措

36.2.1 资金筹措方案

36.2.2 资金筹措方案的可靠性与合理性分析

36.2.3 资金筹措方案的风险分析

37 财 务 分 析

37.1 财务分析依据及价格的采用

37.1.1 财务分析依据

37.1.2 财务分析价格采用

37.2 基础数据

37.2.1 客流等相关专业数据

37.2.2 计算期

37.2.3 财务基准收益率

37.2.4 投资估算及资产重置更新

37.2.5 投资使用计划

37.2.6 资金筹措计划

37.3 财务费用效益估算

37.3.1 成本费用估算

37.3.2 票价测算

37.3.3 收入估算

38 经济费用效益分析

38.7 附表

1）经济费用估算调整表；

2）项目投资经济费用效益流量表；

3）"有工程"与"无工程"经济费用对比表。

39 社会效益分析

39.1 评价目的

39.2 社会效益分析

39.3 社会风险分析

39.4 社会评价结论

40 风险分析

40.1 风险管理概述及风险分析的目的

40.2 风险分析的依据及方法

40.3 风险分类及评价标准

40.4 项目风险识别（可从建设环境、资金风险、市场及资源风险、工程风险、管理风险、配套设施设备风险展开分析）

40.5 项目风险评价

40.6 风险的应对措施

40.7 风险分析结论与建议

41 《建设规划》符合性分析

41.1 《建设规划》中有关本工程的结论

41.2 与《建设规划》的比较数据

41.3 差异性分析论证（调整后方案的原因等）

42 社会稳定风险分析

42.1 编制依据

42.2 风险调查

42.3 风险识别

43 结 论 与 建 议

44 附 件 要 求

44.1 可行性研究报告前插图

1）城市总体规划图；

2）轨道交通线网规划图；

3）轨道交通线建设规划图；

4）可行性研究线路平面示意图；

5）重点车站效果图。

44.2 研究基础资料

44.2.1 规划类（列表清单）

1）城市总体规划；

2）城市轨道交通线网规划；

3）城市轨道交通建设规划；

4）城市统计年鉴。

44.2.2 专题预测/评估报告

1）客流预测研究报告；

2）工程环境影响报告书；

3）地质灾害危险性评估报告；

4）场地地震安全性评价报告；

5）工程节能评估报告；

6）社会稳定风险报告。

44.2.3 技术专题研究报告

根据工程特点需进行专题研究的重大问题，以专题报告的形式作为附件，应经过专题的专家评审，如下（但不限于）：

1) 轨道交通制式报告；

2) 车辆选型、车辆编组方案专题研究报告；

3) 车辆及机电设备国产化报告；

4) 牵引供电制式专题研究报告；

5) 轨道交通线网专题研究；

6) 交通衔接规划报告；

7) 网络资源共享报告；

8) 工程沿线公共交通配套报告（可选）；

9) 基坑围护结构选型报告（可选）；

10) 施工期间道路交通疏解报告（可选）；

11) 穿越文物遗址及文物保护报告（可选）；

12) 穿越湖泊、河流报告（可选）；

13) 一体化报告（可选）。

注：对于第一条线路的建设，上述专题报告（非可选项）是必要的；《网络资源共享》专题报告可由建设单位自行决定是否组织专门的专家评审；因项目情况不同，应编制相关的"可选"项专题报告，且根据项目可行性研究报告编制的需要，可适当增加部分技术专题报告。

44.2.4　有关政府部门的批文

工程建议书及批复文件；国家部委的批文，如环保、国土、地震、安全等；城市市政府对工程建设的审批意见，如规划、市政、供电、消防、人防、文物、矿产资源等；编制《可行性研究报告》的委托合同或有关行业部门下达的计划任务书；项目资本金承诺文件；有关外部配套工程的意向书与规划文件；项目利用外资的意向书、合资项目外方出资比例协议。

城市轨道交通工程初步设计文件编制深度

在初步设计阶段，各专业应对本专业内容的设计方案或重大技术问题的解决方案进行综合技术经济分析，论证技术上的适用性、可靠性和经济上的合理性。初步设计文件应符合已批准的可行性研究报告、审定的设计方案及落实的接口条件，能据以确定土地征用、主要设备及材料的准备以及建筑物和构筑物搬迁、管线改移，并可据以进行施工图设计和施工准备，提供工程设计概算，作为审批确定项目投资的依据。

初步设计文件根据设计任务书［或批准的可行性研究报告、总体设计文件（如有）］编制，由设计总说明书、各专业设计说明书、图纸、主要设备及材料表和工程概算书等几部分组成。

1 总 说 明 书

1.1 总概述

1.1.1 工程概况

1.1.2 工程设计的主要依据

1.1.3 设计范围、设计年限

1.1.4 设计基础资料

1.1.5 主要设计原则及标准

1.1.6 上一阶段审查意见和执行情况

1.2 运营组织

1.2.1 系统设计规模（含客流规模、车辆编组、运输能力等）

1.2.2 列车运行交路

1.2.3 旅行速度

1.2.4 配线

1.2.5 系统管理模式及组织架构

1.3 车辆

1.3.1 采用车辆的主要技术参数

1.3.2 车辆来源

1.3.3 车辆国产化目标及实施步骤

1.4 线路工程

1.4.1 线路走向及车站分布

1.4.2 线路平面、纵断面设计

1.4.3 限界

限界设计的主要技术参数，区间及车站主要断面建筑限界。

1.4.4 轨道

设计原则及标准，轨道结构方案（简述钢轨、扣件、轨枕间距、道床形式、道岔无缝线路、减振轨道形式等）。

1.5 土建工程

1.5.1 车站建筑

1.5.2 车站结构与施工方法

1.5.3 区间结构及施工方法

1.5.4 结构防水

1.6 运营设备系统

1.6.1 供电

1.6.2 通信

1.6.3 信号

1.6.4 通风与空调

1.6.5 动力照明

1.6.6 给水排水及消防

1.6.7 站台门

1.6.8 综合监控（含火灾自动报警、环境与设备监控、门禁、安检）

1.6.9 自动售检票

1.6.10 电扶梯

1.6.11 声屏障

1.6.12 导向

1.7 车辆综合基地与控制中心

1.7.1 车辆综合基地

含功能定位、站场选址、总平面布置、总占地面积和建筑面积等。

1.7.2 控制中心

含功能定位、选址、总建筑面积等。

1.8 征地、拆迁

1.8.1 施工用地原则及用地指标

1.8.2 管线迁改原则

1）附图：线路总平面缩图、线路纵断面缩图、车辆综合基地总平面缩图、全线施工平面布置图；

2）附表：车站一览表。

2 线 路

2.1 设计说明书

2.1.1 设计范围及工程概况

包括设计范围，工程起终点及主要经由地，线路全长及敷设方式分类长度，车站数目及站间距描述。

2.1.2 设计依据、原则及标准

设计依据：包括设计合同及任务书，上一阶段设计文件及审批意见，有关规范及技术规章。

设计原则及标准：包括设计原则、设计年限、车辆类型及列车编组、最高行车速度，最小平面曲线半径、最大坡度等技术标准。隧道最小覆土厚度或高架桥下最小净空等选用条件。

2.1.3 上一阶段审查意见和执行情况

2.1.4 设计方案

1）线路平面设计

分段进行下列描述：沿线现状地形地貌，河流、湖泊，城市建（构）筑物，道路及交通、地下管线分布，水源保护，重点文物古迹保护等；沿线的城市土地利用规划，道路规划，街坊建筑详细规划及大型单体规划，地下管线规划与既有地下建筑物分布等；重点难点地段，控制线路平面设计因素分析；部分变更线路走向、路由、车站分布设计说明；线位、站位设计方案及比较。

2）线路纵断面设计

分段进行下列描述：沿线建筑物基础和地下管网埋设高程描述；沿线工程地质和水文地质概况；重点难点地段，控制线路纵断面设计因素分析；地上地下过渡段位置方案比较；纵断面坡度设计及敷设高程方案比较。

3）车站站位

重点车站功能服务及站位说明；车站站位一览表。包括车站中心坐标及里程、站间距、车站形式及功能等。

4）辅助线设计

5）出入线、折返线、停车线、渡线设计，全线辅助线分布及形式一览表

6）线路特征分析

（1）与上一阶段比较，线路设计优化成果说明，并汇总成表；包括线路路由、车站数目、车站站位、区间线位、工程难点减少、工程难度减轻、线路取直、曲线半径/偏角、辅助线分布及形式等方面之优化；

（2）最小半径曲线之分布及其设置原因说明；

（3）线路平面特征分析，包括直线与曲线长度分析，曲线半径大小及偏角分布分析，平均曲线半径分析等，并汇总成表；

（4）右正线曲线表，包括交点坐标、曲线头尾里程、曲线偏角半径等曲线要素；

（5）纵断面坡度特征分析；包括最大坡度及长大坡度段使用说明，按坡度大小分类

之不同坡度长度分布特征分析，并汇总成表；

（6）车站坡度坡向、站中心轨面高程、线路埋深一览表；

（7）左右线中心至控制性建（构）筑物间之距离一览表。

2.1.5 存在问题及下一阶段设计注意事项

2.1.6 附件

右线控制点坐标表（可以与业主协商取消）；与线路设计有关的协议、纪要及公文；地面线道口与有关乡（镇）政府之协议。

2.2 设计图纸

1）线路示意图（装订在说明书目录之后）；

2）线路平面、纵断面缩图（装订在线路示意图之后）；

3）线路贯通方案平面、纵断面、典型横断面图；

4）规划预留线平面、纵断面图；

5）出入线平面、纵断面图（视设计分工而定）；

6）联络线平面、纵断面图（必要时）；

7）所有图纸图幅采用297mm高度；

8）贯通方案线路平面图相关要求（比例1∶2000，特殊节点1∶500）：

（1）现状1∶500地形原图，线路两侧地形各宽约200m；

（2）规划道路及红线，在建及规划建筑物及构筑物轮廓线；

（3）本工程线路设计中心线（左、右正线，辅助线），车站、区间结构轮廓线，出入口、风道风亭、施工竖井、泵站、联络通道等附属结构轮廓线；

（4）右正线里程标及控制点里程加标（站中心、曲线头尾、附属建筑物中心等），右正线直线方位角，左、右线间直线段线间距；

（5）右正线曲线要素标及交点坐标，车站标，站中心及主要道岔中心坐标；

（6）左右线中心至控制性建（构）筑物间之距离；

（7）预留规划交叉线换乘站及两侧区间线路中心线及结构轮廓线；

9）贯通方案线路纵断面图相关要求（比例：纵向1∶5000，竖向1∶500）：

（1）地形剖面高程线，道路路中高程线，江河冲刷线，江河湖常水位及洪水位高程线；

（2）地质剖面图，岩层分界线，地下水位线等；

（3）道路路口交叉与立交桥、铁路交叉、高压电力线交叉、主要地下管线交叉等里程位置及高程；穿越建（构）筑物基础控制高程；

（4）设计右正线轨面坡度高程线及结构顶、底板外缘高程线；

（5）轨道交通规划交叉线之高程轮廓线，大型的控制本工程高程位置的地下、地上管线及建（构）筑物轮廓位置线；

（6）纵断面图下方各栏主要有平面示意、里程、地面高程、设计坡度、轨面设计高程、竖曲线半径、结构工法等内容；

10）贯通方案横断面图相关要求（比例1：200）：

显示复杂地段线路与道路、管线、地上建（构）筑物、地下建（构）筑物之关系；

11）规划预留线平面、纵断面图，出入线平面、纵断面图，联络线平面、纵断面图可参照贯通方案相关图式。

3 行车组织与运营管理

3.1 总概述

3.1.1 工程概况

3.1.2 设计年限

3.1.3 设计依据

3.1.4 主要设计原则及技术标准

3.1.5 上一阶段审查意见和执行情况

3.1.6 设计范围与主要设计内容

3.2 系统设计规模

3.2.1 客流预测成果及特征分析

3.2.2 系统制式及列车编组

3.2.3 系统运输能力及拥挤度评价

3.3 运营组织

3.3.1 列车运行交路

3.3.2 运营计划（含停站时间）

3.3.3 配线（含进路）

3.3.4 列车牵引计算

3.3.5 系统配线能力

3.3.6 列车运行图

3.3.7 非正常运营组织措施

3.4 运营管理

3.4.1 车站管理模式

3.4.2 调度管理模式

3.4.3 控制中心

3.4.4 列车驾驶模式及乘务制度

3.4.5 票务管理

3.5 运营组织架构及定员

3.5.1 组织架构

3.5.2 定员

3.6 设计附图

列车牵引计算图、配线能力计算图、列车运行图。

4 限　　界

4.1 设计说明书

4.1.1 工程概述

车站类型（岛式、侧式、高架、地面、地下）、区间结构断面类型、是否设置疏散平台、设计最高速度、采用车辆类型。

4.1.2 设计范围

4.1.3 设计依据、原则及标准

4.1.4 上一阶段审查意见和执行情况

4.1.5 设计方案

1）限界设计的主要技术参数

主要包括线路、轨道、车辆类型及有关尺寸以及技术参数及供电。

2）各种设备及管线布置

主要论述设备及管线布置的主要设计原则，如：强、弱电布置在隧道断面的位置；电磁干扰距离；轨旁各管线、设备布置在隧道断面上的大致位置。

3）区间纵向疏散空间要求

4）线间距的确定

论述高架、地面、地下地段最小线间距的限界要求。如设置疏散平台，需要论述疏散平台工况下高架、地面、隧道内地最小线间距要求。

5）建筑限界的确定（含区间直、曲线地段、人防门限界、车站限界及车辆综合基地限界）

（1）区间直线、曲线地段矩形、圆形、马蹄形隧道建筑限界；

（2）区间直线、曲线特殊减振地段矩形、圆形、马蹄形隧道建筑限界；

（3）区间直线地段人防门建筑限界；

（4）道岔区、转辙机建筑限界；

（5）区间地下线岛式、侧式站台直线车站建筑限界；

（6）区间直线、曲线地段地面线、高架线建筑限界；

（7）区间地面线、高架线岛式、侧式站台直线车站建筑限界；

（8）车辆综合基地限界。

4.1.6 存在问题及下一阶段设计注意事项

4.2 设计图纸

1）限界坐标总图；

2）区间直线、曲线地段矩形、圆形、马蹄形隧道限界图；

3）地下岛式、侧式站台直线车站限界图；

4）区间直线、曲线特殊减振地段矩形、圆形、马蹄形隧道限界图；

5）道岔区限界加宽图；

6）转辙机安装处、区间联络通道限界图；

7）隧道曲线段限界处理方法示意图；

8）区间直线地段人防门限界图；

9）区间直线、曲线地段 U 形槽、地面线限界图；

10）地面线岛式、侧式站台直线车站限界图；

11）区间直线、曲线地段高架线限界图；

12）高架线岛式、侧式站台直线车站限界图；

13）车辆综合基地限界图。

注：1. 图纸中确定供电、通信、信号、消防等各种管线及设备的布置位置，标注各细部尺寸。车站限界图绘制车辆轮廓线、车辆限界及设备限界，绘制站台门限界。若设置疏散平台，区间断面限界图中应绘制疏散平台布置图。

2. 限界图纸宜采用 A3 或 A3 加长图幅，图纸比例宜采用 1∶30、1∶40 或 1∶50。

5 轨　道

5.1 设计说明书

5.1.1 工程概述

工程基本情况，包括在线网中的位置及与其他线路的关系等，与轨道相关的线路全长、各类敷设形式的长度、最小曲线半径、线路坡度、车辆基地及联络线设置、车型、设计速度、供电方式等。

其他与轨道系统有关的工程特殊性描述。

5.1.2 设计范围

来自设计任务书要求的轨道设计里程范围，明确与其他线路的分界划分；必要时明确与其他专业及系统的重点接口划分。

5.1.3 设计依据

上一阶段的设计及其评审结论、相关规范、外部输入条件、重要的会议纪要等。

5.1.4 设计主要原则及标准

5.1.5 上一阶段审查意见和执行情况

5.1.6 轨道主要几何技术参数

包括各种地段的轨距、曲线超高、轨底坡、轨枕布置间距、轨道结构高度等。

5.1.7 轨道结构选型及结构设计

5.1.7.1 钢轨

5.1.7.2 扣件

5.1.7.3 道床及轨枕

5.1.7.4 道岔

5.1.7.5 无缝线路

5.1.7.6 轨道减振措施

轨道不同减振级别及地段、相应的轨道减振设备选型及结构设计等；设计方案中若推翻上一阶段的某些方案时，应有详细的技术经济比较论证，应包括重点区域轨道减振降噪措施与《环评》报告要求之间的对比表。

5.1.7.7 杂散电流防护

5.1.7.8 轨道附属设备

5.1.8 工务维修机构、机具、用房及定员

运营管理方式及养护维修方案（根据总体或业主要求的模式，或与之协商）；根据现运营地铁的经验提出工务机构设置及定员方案；列出工务用房及主要维修机具。

5.1.9 铺轨基地与轨道施工方法

与工筹专业配合确定铺轨基地的个数及规模；根据目前常用的铺轨方法，结合本工程沿线场地条件、工期及设计方案等因素，选择适用于本工程的轨道施工方法。

5.1.10 存在问题及下一阶段设计注意事项

5.1.11 主要工程数量

与上一阶段差异较大的项目应予以简要说明。

5.2 设计图纸

1）推荐方案的各类道床断面图（含整碎过渡段图）：标明轨道结构高度、道床块长度、水沟位置及尺寸，应列出所需主要材料及配件等数量；

2）推荐采用的扣件组装图：标明主要装配尺寸、零部件类别及数量；

3）推荐采用的道岔总布置图：标明道岔总长、直侧向通过速度；

4）推荐采用的减振轨道结构布置图；

5）车挡图；

6）护轮轨装置图；

7）特殊减振设施组装结构图。

6 路 基 工 程

6.1 设计说明书

6.1.1 工程概述

路基工程范围内的地形、地貌特征，工程地质、水文地质综述，地震基本烈度，气象、水文情况，冻结深度等。路基工程长度，占全线比例，路堤、路堑长度及填、挖方数量；特殊路基类型分布及主要圬工数量。

6.1.2 设计范围

路基工程的起点里程、终点里程及所处位置。

6.1.3 设计依据、原则及标准

6.1.4 上一阶段审查意见和执行情况

6.1.5 设计方案

1）一般路基设计内容

路基面形状和宽度，路基基床，横断面形式，边坡坡率，护道宽度，侧沟及排水沟尺寸，涵洞，机械化养护作业平台，路基填料及压实标准，过渡段形式，地基处理技术要求及加固形式。

2）特殊线（路）段路基设计说明

3）主要加固和防护方案说明

4）路基排水设计原则及说明

5）路基与其他专业设计接口的说明

6）路基修建对生态环境与水土保持的影响及采取的措施

7）特殊线（路）段路基措施的处理方案

6.1.6 存在问题及下一阶段设计注意事项

6.1.7 主要工程数量

1）区间路基土石方数量总表；

2）区间路基取弃土场防护工程数量表；

3）路基工点表；

4）挡土墙表；

5）路基加固及防护工程数量表；

6）区间路基土石方调配汇总表；

7）路基排水工程数量表；

8）挡土墙设计计算书（含稳定性检算和配筋计算，特殊设计时）。

6.2 设计图纸

1）一般路基横断面设计图

绘制代表性横断面及工程数量的控制横断面，比例1：200。

2）典型工点路基设计平面图（地形、地质资料及路基工程建筑物位置，必要时作）

按工点分别绘制其工程的控制范围，比例1：500～1：2000。

3）典型工点路基设计纵断面图（地质资料及路基工程建筑物位置，必要时作）

按工点分别绘制纵断面轮廓，比例根据具体情况确定。

4）典型工点路基设计横断面图

按工点分别绘制代表性横断面及工程数量的控制横断面，比例1：200。

5）过渡段方案图

比例根据具体情况确定。

6）路基排水系统图

可以与路基工程平面图合并绘制。

7 车 站 建 筑

7.1 设计说明书

7.1.1 工程概述

简述本站在线路中的位置，站位名称、地点、周边环境和规划条件，车站主体及出入口、风亭等附属建筑布局，车站类型、形式和规模，区间施工工法以及换乘线路建设时序和换乘方式等。

7.1.2 设计范围

1）项目组成和设计范围

2）分期建设的情况

简要说明车站预留出入口等附属设施分期建设内容，换乘车站预留换乘条件分期建设内容，车站配线上方预留物业开发条件以及车站与周边地块预留物业开发条件等分期建设的说明。

7.1.3 设计依据、原则及标准

1）设计依据

政府有关主管部门对本工程的批文及文号。如：可行性研究报告文件等审批文件的文号和名称；摘述依据性资料中与建筑专业有关的主要内容。

设计所执行的主要法规和采用的主要标准（包括标准的名称、编号、年号和版本号）。

政府有关主管部门对规划、环保、文物、绿化、消防、人防、抗震、节能等要求和

依据资料。

建设单位提供的有关使用要求、相关会议纪要和设计合同。

2）主要设计原则

（1）车站站位以及出入口和无障碍电梯地面亭、风亭、冷却塔等附属设施总平面设置原则；

（2）车站出入口通道宽度以及楼扶梯组合方式；

（3）车站功能分区和设备管理用房区的平面布局原则；

（4）车站站台至站厅的楼扶梯、无障碍电梯等通行设施设置原则；

（5）换乘车站建设时序，换乘形式和节点实施、资源共享原则；

（6）车站防淹、防火、人防设计原则；

（7）车站内部及与周边物业开发设计原则。

3）主要技术标准

车站各种通行服务设施最大通过能力，本线车站站台、站厅、出入口等各部位采用的最小高度、宽度和地饰面装修厚度等标准，车站垂直交通设施（楼扶梯、电梯）技术标准，车站售检票等乘客服务设施技术标准，车站设备及管理用房主要技术标准以及车站无障碍设施标准等。

7.1.4　上一阶段审查意见和执行情况

7.1.5　设计方案

1）车站总平面布置

（1）设计基础资料。

车站所在地的地形图编制单位、编制日期，采用坐标及高程系统；有关主管部门对本工程的规划许可技术条件（车站周边的用地性质、规划道路红线、出入口位置、交通接驳和自行车停车场地等），以及对总平面布局、交通组织、环境保护、文物保护、人防接口等方面的特殊要求。

（2）站位及周边情况概述。

简述车站在城市中的位置，站位与周边道路和周边规划条件，附属建筑位置与周边临近规划建筑的关系以及地块开发等关系。

概述车站主体、出入口（含消防专用通道出入口、无障碍电梯地面亭）、风亭、冷却塔的总体布局，以及与周边既有建筑、构筑物、名木、古迹、道路红线、市政基础设施（地下主要管线、人行地道或天桥、下穿道路或桥梁、附近水域或高压铁塔）、加油加气站等公共设施的关系，对影响车站站位和埋深的控制性因素（如：重要的地下管线、房屋拆迁、施工条件和交通疏解，以及区间穿越河流、桥桩等）需说明采取保留、拆除、改移的措施。

简述车站主体及出入口、风亭等附属建筑所处的地形地貌（如道路或场地的起伏标高、纵坡等)。

简述车站出入口与公交接驳关系以及自行车停车区的布置;简述综合交通枢纽站、终点站以及地上车站的站前广场、道路及消防车道、绿化、自行车、出租车或 P＋R 小汽车停车场布置。

(3) 简述车站主体及附属建筑控制性尺寸、站中心里程和轨顶标高。

(4) 车站方案比选。

2) 车站建筑设计概述

(1) 车站形式。

(2) 车站建筑的主要特征。

车站主体和附属建筑分项面积及总建筑面积、车站层数和各层净高、结构顶板覆土厚度及车站埋置深度,建筑工程设计等级、结构抗震设防烈度、耐火等级、设计使用年限、防水等级以及人防工程类别、防护等级和战时用途等。地上车站还需表述车站结构选型、屋面形式和防水等级等。

(3) 换乘方式和实施情况以及资源共享。

根据线网规划和建设时序说明车站的换乘方式及近、远期实施情况(同期实施、预留换乘节点或区间穿越等方式)以及联络线设置和预留情况;简述预留节点分期实施结构的分界点,并对后期建设的车站以及出入口、风亭等附属建筑的方案实施进行描述;说明近、远期车站换乘节点公共区实现换乘功能转换时的平面布局和交通流线。

简述换乘车站的资源共享内容和界面划分。

(4) 车站配线及两端区间施工工法。

包括线路配线与车站关系,配线岔心距有效站台距离,盾构在本站吊出、始发、调头、过站等作业状况和结构加高、加宽范围,以及是否设轨排井等情况。终点站需交代预留线路延长条件及今后实施时对车站运营的影响。

(5) 车站公共区及设备管理用房区的功能分区和平面布局。

包括车站公共区和设备管理区平面布局,站厅付费区和非付费区以及楼扶梯等垂直交通设施和售检票等乘客服务设施布局。

(6) 车站交通组织及流线设计。

简述车站公共区交通组织及流线,垂直交通设施(楼梯、自动扶梯、电梯)和售检票等乘客服务设施的数量、宽度、吨位、速度等参数。

(7) 车站防火设计。

综述车站各部位(含车站配线上方物业开发及与周边地块物业开发)的防火分区、防火分隔、防烟分区及安全疏散、消防专用通道设置、站台门紧急疏散门的设置个数及位置等。对突破规范要求的大型交通枢纽站、换乘车站以及特殊车站的建筑防火设计需有专题报告。

（8）车站人防设计。

简述车站的设防标准，防护单元划分，战时人员出入口和通风竖井设置，换乘通道、区间隔断门及管线密闭等。

（9）车站防淹设计（防洪、防涝）。

简述车站出入口地面亭、无障碍地面亭和敞口低风井的防淹措施，以及区间防淹门的设置要求。

（10）车站无障碍设计。

简述车站站台、站厅公共区和出入口无障碍设施的设计要求及采取的技术措施。

（11）重点车站周边及广场设计。

7.1.6　车站站台宽度、通行服务设施能力和紧急疏散时间计算

1）车站设计客流及系统设计规模（包括各设计年限高峰小时车站预测上下车客流、进站断面客流、换乘客流、折返清客客流、出入口分向客流以及系统设计规模；结合行车组织校核站台宽度和楼扶梯、侧站台等通行设施能力）；

2）车站站台宽度计算；

3）站台至站厅楼扶梯通过能力计算；

4）站厅付费区检票机和栅栏门疏散能力计算；

5）车站出入口通道、楼扶梯通过能力计算；

6）车站事故疏散时间计算；

7）车站换乘设施能力计算（换乘楼扶梯的通过能力和各组设施利用的均衡性）；

8）重要、复杂、运能不匹配的换乘车站功能评价（换乘路径端部设施站台楼扶梯前的拥堵人数和站台人流密度，站台滞留人数，平均换乘时间）；

9）小交路折返站和同站台换乘车站站台人流密度和紧急疏散计算。

7.1.7　车站物业开发

1）车站物业开发的规模及预留设施说明（主要出入口、安全出口、风井、空调机房、变电所、公共厕所和货物电梯等）；

2）各防火分区面积以及与车站衔接的防火分隔措施说明；

3）物业开发安全出口的数量和宽度计算以及疏散距离等。

7.1.8　车站装修

1）装修范围；

2）装修标准及原则；

3）装修做法（简述车站内部装修的主要或特殊建筑装修材料，以及车站采用非承重墙的墙体材料和构造措施）；

4）对具有特殊要求的门窗进行说明；

5）地上车站幕墙工程、特殊屋面工程及其他需要另行委托设计、加工的工程内容

的必要说明。

7.1.9 车站导向标志及广告设置原则

7.1.10 地上车站需设供暖、空调系统的设备管理用房区（或站厅公共区）的围护结构建筑节能设计说明

1）设计依据；

2）项目所在地的气候分区；

3）对需设供暖、空调系统的区域，根据设备用房（或站厅公共区）能耗特征进行全年耗能计算，初步确定围护结构的传热系数及墙体材料和厚度；

4）简述设备用房区和站厅公共区的窗墙面积比及可开启窗面积比；

5）根据项目所在地的气候分区，明确车站是否采取的遮阳措施，以及采用何种遮阳措施。

7.1.11 存在问题及下一阶段设计注意事项

7.1.12 主要工程数量

1）车站主要特征表：

车站有效站台中心里程和轨面高程，线间距，站台形式和宽度，车站总建筑面积、主体建筑面积以及出入口通道、风道和地面亭等附属建筑面积，车站外包总长、标准段总宽和总高，车站顶板最大和最小覆土厚度及底板埋深，出入口数量、宽度及通道总长，风道（亭）数量和规模，公共区以及出入口自动扶梯和电梯数量、提升高度和技术参数（宽度、速度、吨位）；

2）车站设备、管理用房面积表；

3）车站门窗表。

7.2 设计图纸

1）车站总平面图（包括换乘车站及预留车站）；

2）客流吸引范围图；

3）车站各层平面图（含防火分区示意图）；

4）车站纵剖、横剖面图；

5）车站公共区交通流线示意图（包括换乘车站节点公共区实现换乘功能转换时的平面布局和交通流线图）；

6）车站出入口通道（含楼扶梯）平面图、纵剖面图、横剖面图；

7）车站出入口地面亭（含无障碍电梯亭）平面图、剖面图、立面图及屋顶平面图；

8）消防专用通道出入口地面亭平面图、剖面图、立面图及屋顶平面图；

9）车站风道平面图、纵剖面图、横剖面图；

10）车站风亭局部总平面图，风亭平面图、剖面图、立面图；

11）地面车站及附属建筑各层平面图、纵横剖面图、立面图、屋顶平面图。

注：1. 车站平面、剖面图中包括换乘车站的远期站平面、剖面图以及重要、复杂车站和换乘车站的比选方案平面、剖面图。

2. 车站总平面图比例一般为1：500，车站及出入口通道、风道的平面、剖面图比例一般为1：100或1：200，出入口地面亭及风亭比例为1：100或1：50。

8 地 下 结 构

8.1 设计说明书

8.1.1 工程概述

工程基本情况总体说明，一般应包括：工程位置说明，如车站站位、区间走向；工程周边环境情况说明，如建（构）筑物、管线、道路、桥梁、交通枢纽、河湖、文物等；工程建筑方案介绍，如车站类型（起终点站、中间站、换乘站）、站台形式（岛式、侧式等）、车站规模（车站主体工程长度、层数、站台宽度及车站标准段宽度、车站总建筑面积等）、车站附属工程如出入口、风道等情况介绍；车站两端区间的工法介绍及其工筹安排等，或区间长度、形式、区间附属工程（风井、联络通道、泵房等）设置情况等。

8.1.2 设计范围

工程的设计起讫里程，车站或区间的设计总长度，设计范围内包括的主要分项工程，如车站和区间主体工程结构、风道和出入口结构、联络通道及排水泵站、区间风井、盾构工作井、施工竖井等。

8.1.3 设计依据、原则及标准

依据：政府批文、任务书、基础资料、规范等。包括经过审批的可行性研究报告、设计任务书、初步勘察报告、地质灾害评价报告、洪评报告、地震安评报告、环评报告、被交道路和河流规划条件、建（构）筑物调查成果、地形资料、被交线路资料、业主下发的相关会议纪要和联系单、初步设计技术要求、（国家、行业或地方）标准和规范、专家审查意见等文件。

原则：结构设计应满足的相关规范和规定的基本设计原则，以及其他设计原则如各种结构构件截面设计原则、基坑支护（矿山法初期支护）与永久结构之间的结合设计原则等。

标准：设计使用年限、安全等级及结构重要性系数、环境类别、抗震设防烈度及抗震等级、人防抗力标准和防化等级、基坑变形控制标准、盾构法和矿山法地面沉降控制标准、钢筋混凝土结构裂缝和变形控制标准、抗浮设防水位及抗浮安全系数、防水等级、防火等级、钢结构防腐防锈标准、防洪设计标准等。

8.1.4 前序各阶段主要审查意见和执行情况

8.1.5 工程地质及水文地质概述

从地勘报告中摘录以下主要内容：场区地形地貌，地质构造，岩土工程地质（含土层主要物理力学参数建议值），场地土类型及建筑场地类别，水文地质，场地地震效应，围岩分类及土石可挖性分级，不良地质和特殊岩土，环境水及土的腐蚀性评价、工程评价、注意事项及建议。并对地勘报告资料进行分析与评价。

8.1.6 施工方法和结构型式

车站或区间主体工程结构施工方法的技术、经济综合比选，风道、出入口、联络通道、风井、竖井等所有附属工程结构施工方法的选定，主要施工步序，地下水及不良地质处理方案，主要施工技术要求和措施等。

结构型式的选定、主要结构构件尺寸、耐久性设计及保证措施、工程材料、结构构造措施（如抗震构造、变形缝、施工缝、后浇带的设置等）、特殊节点做法、抗浮措施等。

对于基坑工程，应对围护结构及支撑体系进行技术经济比较；对于盖挖逆作法工程，应对中柱及其基础形式进行技术经济比较；对于矿山法工程，应对不同的开挖步序、支护方法及辅助施工措施等进行技术经济比较；对于盾构法工程，应对管片（含特殊环）构造设计、联络通道和盾构端头井地层加固方法等内容进行技术经济比较，并应根据工程地质及水文地质情况、环境情况、隧道结构设计等，对盾构机选型提出指导性意见及要求。

8.1.7 结构计算分析

内容包括：计算原则、荷载及其组合、计算模型、计算方法、计算简图及计算参数的确定、施工阶段及正常使用阶段的稳定性分析及强度计算、结构裂缝宽度检算、偶然荷载作用下的结构计算（地震、人防）、主要计算结果（内力、变形、配筋等）及分析等。

8.1.8 风险工程分析

分析和识别地下结构工程的自身风险和环境风险，进行安全风险分级，提出安全风险清单（汇总表），并应给出初步的工程实施方案和风险控制措施。

8.1.9 监控量测

应给出主要的监控量测项目，一般分为必测项目和宜测项目，包括地层、支护结构、支撑体系、主体结构以及周边环境建（构）筑物的力（或变形）监测项目等。

8.1.10 地下结构防水

防水设计原则、设计依据、防水等级及标准、主要技术要求、自防水及辅助防水措施、特殊部位防（排）水措施等内容。

8.1.11 存在问题及下一阶段设计注意事项

8.1.12 主要工程数量

为满足初步设计概算编制或工程招标投标需要，应以表格形式给出主要工程数量清单，包括土（石）方开挖及回填量、混凝土方量、钢筋重量以及钢支撑、锚杆、钢围檩、防水层等其他工程量。

8.2 设计图纸

8.2.1 地下车站结构

1）车站结构施工总平面图1：500或1：1000；

2）带基坑围护或初期支护及车站主体工程结构轮廓的地质纵剖面图，竖向比例1：200，纵向比例1：500；

3）明挖法、盖挖逆作法车站主体基坑围护结构（含支撑体系）平面、剖面图1：200或1：100；

4）车站主体基坑标准段支护结构配筋图1：100；

5）明挖法车站主体基坑地基加固平面图1：200或1：100（若有）；

6）矿山法车站施工流程方案图；

7）矿山法车站初期支护及施工辅助措施设计图，施工竖井和通道设计图1：200；

8）车站主体结构底板、楼板、顶板平面图1：200或1：100；

9）车站主体结构纵剖面、横剖面图1：200或1：100；

10）车站主体结构标准段典型剖面配筋图1：100；

11）风道、出入口基坑围护结构或矿山法初期支护平面、剖面图（带地质剖面）1：200或1：100；

12）风道、出入口结构平面、剖面图1：200或1：100；

13）临时路面系统设计方案图；

14）工程地下水处理措施方案图；

15）车站主体、出入口、风道等主要施工步序图；

16）车站结构与区间隧道接口设计图；

17）车站结构风险源设计方案图；

18）车站结构防水图；

19）主要监控量测图。

8.2.2 地下区间结构

1）地下区间结构施工总平面图1：1000；

2）带基坑围护和初期支护及区间主体结构轮廓的地质纵剖面图1：200，纵向比例1：500或1：1000（若线路左右线有较大区别，则须同时有区间左右线地质纵剖面图）；

3）区间结构平面、纵剖面、横剖面图1：100、1：200、1：500；

4）明挖法区间隧道工程技术措施设计图；

5）矿山法区间隧道施工步序示意图、施工辅助措施设计图；隧道洞门设计图（对于有洞门的矿山法区间）；

6）盾构法区间通用楔形衬砌环或标准、楔形衬砌环构造图1∶50；

7）盾构法区间管片构造图1∶50、管片细部构造图1∶10；

8）盾构法区间特殊环管片方案图1∶50；

9）区间结构标准断面配筋图；

10）盾构法端头井进出洞土体加固图1∶50；

11）区间联络通道平面、剖面及技术措施方案图1∶50；

12）区间风井、盾构工作井、施工竖井及通道等结构图1∶100或1∶50；

13）区间隧道与车站结构接口设计图；

14）工程地下水处理措施方案图；

15）区间结构风险源设计方案图；

16）区间结构防水图；

17）主要监控量测图。

8.3　风险工程专项设计

如工程存在以下情况之一时，应进行自身风险工程专题设计：超深基坑、超大跨隧道、通过不良地质地段或可液化地层、基础托换、超接近施工、地下结构作为高层建筑或城市桥梁的基础等。

当工程下穿或周边存在距离较近的房屋建筑、重要地下管线和地下构筑物、干线道路、既有铁路或地铁、大型桥梁、水系（江、河、湖泊）等环境设施，工程施工可能影响其安全性能或使用功能时，应进行有针对性的环境风险工程专题设计，一般包括风险工程概况、环境设施资料调查、风险工程计算分析、风险工程变形预测及安全性评估、变形控制指标、风险控制措施、专项监控量测、应急预案等内容。

对特级、一级环境风险工程应进行安全性专项设计，专册出图并专项审查，内容主要应包括安全风险分析评价、工程环境监测控制标准、工程技术措施、环境安全保护设计措施、监控量测设计方案等，并应给出必要的断面设计和措施设计图。对于地位特别重要、影响特别重大的高等级环境风险，通过各种理论分析手段进一步验证其影响程度和范围。

8.4　地下结构抗震专项设计

根据住房城乡建设部发布的《市政公用设施抗震设防专项论证技术要点（地下工程篇）》（建质〔2011〕13号）相关规定和要求进行地下结构抗震专项设计。

9　高　架　结　构

9.1　高架区间结构
9.1.1　设计说明书

9.1.1.1 工程概述

工程位置说明，如车站站位、区间走向；工程周边环境情况说明：设计范围内城市规划或布局、河流、城市道路、公路、铁路和地下管线和高压架空电线分布情况。高架车站和区间高架桥的主要结构形式。

9.1.1.2 设计范围

设计高架区间起始里程、长度。

9.1.1.3 设计依据、原则及标准

设计依据：项目工程可行性研究报告、政府批文、现行设计规范、地质勘察报告（初勘）、管线调查成果、项目工程环境评估报告、安全评估报告、防洪评价报告等。

主要设计原则：桥梁布置满足跨越道路交通、铁路、河流通航泄洪要求，考虑沿线地下管线、高压架空电线分布情况。结构满足强度刚度、耐久性和抗震要求，桥面布置空间满足车辆限界、设备管线、轨道、信号设备布置要求，满足防杂散电流、防雷接地等要求。

主要设计技术标准：车辆型号、列车编组、最高设计时速、线路最小曲线半径、桥梁结构设计使用年限、跨越河流防洪频率、跨越道路净空、抗震设防烈度等。

9.1.1.4 上一阶段审查意见和执行情况

9.1.1.5 工程地质及水文地质概述

工程所在地区的地震基本烈度、工程地质和水文地质情况，其中对特殊地质条件、现有建（构）筑物制约条件等应详加说明。

9.1.1.6 桥梁制造及施工方法

区间标准梁施工方法、节点桥施工方法说明；施工阶段描述等。

9.1.1.7 设计方案

1）采用的设计荷载及组合；

2）主要建筑材料；

3）标准梁上部建筑及墩台、基础描述；

4）高架桥梁节点桥设计方案说明，应进行方案比较并提出推荐方案；

5）新技术、新结构、新材料的选用；

6）抗震设计及其构造措施；

7）应进行详尽、合理的抗震概念设计，并进行综合比较；

8）结构耐久性要求说明。

9.1.1.8 结构计算结果

9.1.1.9 监控量测

施工监测（特殊桥梁结构）要求或下一阶段应注意事项。

9.1.1.10 存在问题及下一阶段设计注意事项

9.1.1.11 主要工程数量

9.1.1.12 工程筹划

简述本工程（工点）施工围挡及场地布置、交通导改及疏解方案、预制场（如有）分布、施工进度计划及工期安排等内容。

9.1.2 设计图纸

1）平面总布置图，内容包括：跨（穿）越的道路，河流等的规划红线、蓝线，桥梁承台和基础平面布置、纵断面桥跨布置、桥梁横断面布置，各桥墩里程，高架线轨顶标高，上跨道路、铁路、桥梁桥下净空，相交道路、铁路、河流名称，高架桥位沿线道路机动车道、非机动车道、人行道和分隔带布置，道路地下管线大致分布情况，轨道交通线路平面要素，标准梁预制场位置和面积。

2）梁部构造图，包括立面图、平面图和横断面图。

3）预应力束布置图，包括立面图和平面图、工程数量表。

4）桥墩构造图，包括立面图、侧面图和墩顶和墩底剖面图。

5）桥台构造图，包括立面图、侧面图、桥台顶和桥台底剖面图。

6）基础构造图，包括桥墩承台立面图、平面图，桥台承台立面图、平面图，桩基础平面和立面布置图。

7）桥面系布置图，支座布置图，桥面防水、排水图。

8）工程数量表。

9）施工步序图（特殊结构）。

10）交通导改、工程筹划图。

9.2 高架车站结构

9.2.1 高架车站结构

一般包含车站主体结构、附属结构、牵引变电所（如有）、轨道梁（如有）和人行天桥结构，车站结构设计文件按以上各部分分别编制。

9.2.2 高架车站主体结构

分为框架式结构和桥式结构，框架式结构设计文件的编制深度规定参考《建筑工程设计文件编制深度规定》；桥式结构设计文件的编制深度规定参考本规定中有关高架区间结构设计文件编制深度的规定。

9.2.3 附属结构和牵引变电所结构

附属结构和牵引变电所结构设计文件深度规定参考《建筑工程设计文件编制深度规定》。

9.2.4 轨道梁设计说明书

9.2.4.1 轨道梁设计依据及技术标准

车辆类型、最高设计时速、采用的现行设计规范和参考规范版本等。

9.2.4.2 设计荷载及荷载组合

车辆荷载、二期恒载组成、主力和主加附荷载组合说明。

9.2.4.3 主要材料

结构混凝土强度等级、预应力钢束型号、钢筋类型等。

9.2.4.4 结构耐久性设计

结构环境作用类别，主要材料技术参数要求等。

9.2.4.5 结构分析

1）采用的结构分析程序名称、版本号、编制单位；

2）结构分析所采用的计算模型、结构分析输入的主要参数，必要时附计算模型简图。

9.2.4.6 施工工序

9.2.5 轨道梁设计图纸

1）梁立面图、跨中和梁端横剖面图；

2）预应力钢束布置图；

3）支座布置图；

4）工程数量表。

9.2.6 轨道梁计算书

9.2.7 人行天桥设计说明

9.2.7.1 设计方案概述

人行天桥平面和立面布置设计说明等。

9.2.7.2 设计依据及技术标准

1）跨越地面道路等级净空要求；

2）结构的设计使用年限；

3）采用的设计技术规范和标准的名称版本等。

9.2.7.3 设计荷载及荷载组合

9.2.7.4 主要结构材料

9.2.7.5 结构耐久性设计

9.2.7.6 主梁结构设计

9.2.7.7 墩柱及基础结构设计

9.2.7.8 步梯结构设计

9.2.7.9 栏杆及其他附属设计

9.2.7.10 结构分析结果

9.2.8 人行天桥设计图纸

1）天桥平面、立面总布置图（包含主梁、梯道梁、桥墩、桥台和基础）；

2）主梁结构立面、平面、剖面图；

3）梯道梁结构立面、平面和剖面图；

4）桥墩、桥台平面、立面和剖面布置图；基础平面、立面布置图；

5）工程数量表。

9.2.9　人行天桥计算书

1）提供计算采用的软件、版本等；

2）主梁、梯道梁、桥墩、桥台和基础结构计算结果。

10　供　　电

10.1　供电系统

10.1.1　设计说明书

10.1.1.1　工程概述

简述线路形式、长度，地下、地上车站数量、平均车站间距，控制中心、车辆综合基地的设置。

10.1.1.2　设计范围

10.1.1.3　设计依据、原则及标准

设计依据：招标文件（设计任务书）；可行性研究报告；相关规范、标准；业主或其他主管部门指令性文件。

设计原则：安全、可靠、节能和环保的要求；本次设计高于国家、行业规范的要求；设计依据中没有明确的重要要求。

设计标准：本次设计涉及安全、功能的主要设计指标。

10.1.1.4　上一阶段审查意见和执行情况

10.1.1.5　设计接口

与外电源设计的界面划分和技术配合要求；与供电其他子专业的界面划分和技术配合要求；与其他相关专业的技术配合要求。

10.1.1.6　设计方案

1）主变电所（电源开闭所）的设置方案；

2）中压网络构成方案及运行方式；

3）中压网络继电保护配置方案；

4）牵引变电所（直流开闭所）的设置方案及运行方式（正线、车辆综合基地）；

5）再生制动吸收装置设置方案（如有）；

6）谐波治理方案；

7）无功功率补偿方案；

8）系统电缆敷设方案。

10.1.1.7　系统计算结果

计算书（归档，但不作文件交给甲方）内容主要包括：中压网络潮流分布计算；牵引负荷计算；牵引供电电压质量计算；回流轨对地电压计算；列车再生能量计算；谐波电压、电流畸变率计算；交流中压网络短路电流计算；直流牵引供电系统短路电流计算；主变电所（电源开闭所）中压母线功率因数计算；系统电缆热稳定计算。

10.1.1.8　电缆选型

系统电缆（中压）的类型、截面及技术参数。

10.1.1.9　存在问题及下一阶段设计注意事项

10.1.1.10　电缆数量

10.1.2　设计图纸

1）主变电所（电源开闭所）、牵引变电所位置分布图；

2）全线供电系统图（含车站、控制中心、车辆综合基地，并按照其在线路中的相对位置）；

3）直流牵引供电系统图（含车站折返线、车辆综合基地，并按照其在线路中的相对位置）；

4）系统电缆（中压）敷设位置图。

10.2　变电所

10.2.1　设计说明书

10.2.1.1　工程概述

简述线路形式、长度，地下、地上车站数量，控制中心、车辆综合基地的设置；外电源引入。

10.2.1.2　设计范围

10.2.1.3　设计依据、原则及标准

设计依据：招标文件（设计任务书）；可行性研究报告；相关规范、标准。

设计原则：安全、可靠、节能和环保的要求；本次设计高于国家、行业规范的要求；设计依据中没有明确的重要要求。

设计标准：本次设计涉及安全、功能的设计指标。

10.2.1.4　上一阶段审查意见和执行情况

10.2.1.5　设计接口

与供电其他子专业的界面划分和技术配合要求，与其他相关专业的界面划分、技术配合要求。

10.2.1.6　设计方案

以下内容包括：车站、区间、控制中心、车辆综合基地各种变电所、主变电所或电源开闭所。

1）变电所位置方案；

2）主接线方案、设备运行方式、继电保护配置方案、测量和计量方案；

3）自用电方案及运行方式；

4）无功补偿方案；

5）设备布置方案；

6）防雷与接地方案；

7）主变电所或电源开闭所外电源引入方案。

10.2.1.7 用电负荷计算结果及配电变压器容量选择

计算书（归档，但不作文件交给甲方）内容主要包括：典型车站变电所低压负荷计算及配电变压器容量选择；车辆综合基地低压负荷计算及配电变压器选择；控制中心低压负荷计算及配电变压器选择。

10.2.1.8 设备选型

列出设备、电缆（含母线槽）、支架的规格及主要技术参数。

10.2.1.9 存在问题及下一阶段设计注意事项

10.2.1.10 主要工程数量

10.2.2 设计图纸

1）主变电所总平面图；

2）主接线图；

3）中压开关柜、直流开关柜、低压开关柜排列图；

4）交直流自用电系统图；

5）接地系统图；

6）设备布置平面（1∶100）、剖面图（1∶50）。

注：开关柜排列图中应标注主要元器件的规格、电缆（含母线槽）型号及规格。

10.3 电力监控系统

10.3.1 设计说明书

10.3.1.1 工程概述

简述线路形式、长度，地下、地上车站数量，控制中心、车辆综合基地的设置。

10.3.1.2 设计范围

10.3.1.3 设计依据、原则及标准

设计依据：招标文件（设计任务书）；可行性研究报告；相关规范、标准。

设计原则：安全、可靠、节能和环保的要求；本次设计高于国家、行业规范的要求；设计依据中没有明确的重要要求。

设计标准：本次设计涉及安全、功能的设计指标及设备配置。

10.3.1.4 上一阶段审查意见和执行情况

10.3.1.5 设计接口

与供电其他子专业的界面划分和技术配合要求；与综合监控系统的界面划分和技术配合要求。

10.3.1.6 设计方案

1）电力调度中心的设计要求；

2）系统构成、功能及指标；

3）车站混合、降压变电所综合自动化方案；

4）车辆综合基地混合、降压变电所综合自动化方案；

5）综合自动化复示管理终端方案。

10.3.1.7 设备选型

电力调度中心设备选型技术要求；综合自动化设备选型及技术参数；以太网、现场总线线缆选型及技术参数；控制电缆选型。

10.3.1.8 存在问题及下一阶段设计注意事项

10.3.1.9 主要工程数量

10.3.2 设计图纸

1）电力监控系统图；

2）典型混合、降压变电所综合自动化系统图。

10.4 牵引网系统

10.4.1 设计说明书

10.4.1.1 工程概述

简述线路形式、长度，地下、地上车站数量，地下隧道形状、施工工法，车辆综合基地的设置。

10.4.1.2 设计范围

10.4.1.3 设计依据、原则及标准

设计依据：招标文件（设计任务书）；可行性研究报告；相关规范、标准。

设计原则：安全、可靠、节能和环保的要求；本次设计高于国家、行业规范的要求；设计依据中没有明确的重要要求。

设计标准：本次设计涉及安全、功能的设计指标及设备配置。

10.4.1.4 上一阶段审查意见和执行情况

10.4.1.5 设计接口

与供电其他子专业的界面划分和技术配合要求；与其他相关专业的技术配合要求。

10.4.1.6 设计方案

1）接触轨系统

（1）设计条件分析；

（2）接触轨授流方式、接触轨截面选择；

（3）接触轨支撑、防护方案；

（4）接触轨布置、电分段方案；

（5）特殊地段如道岔区接触轨布置方案；

（6）车辆综合基地接触轨分区方案。

2）架空接触网系统

（1）设计条件分析；

（2）接触网悬挂方案（正线、车辆综合基地）、线索选择；

（3）接触网布置、电分段方案；

（4）特殊地段如隔断门等接触网布置方案；

（5）接触网刚柔过渡方案；

（6）接触网防雷方案。

10.4.1.7　设备选型

1）接触轨系统

接触轨材质选择及技术参数，接触轨支架形式选择及技术参数，防护罩选型及技术参数，绝缘子选型及技术参数。

2）架空接触网系统

线索选型及技术参数，支柱选型及技术参数，腕臂选型及技术参数，补偿装置选型及技术参数，绝缘子选型及技术参数。

10.4.1.8　存在问题及下一阶段设计注意事项

10.4.1.9　主要工程数量

10.4.2　设计图纸

1）接触轨系统

（1）接触轨系统接线图、布置平面图；

（2）不同道床形式下接触轨安装示意图。

2）架空接触网

（1）架空接触网系统接线图；

（2）接触网电分段示意图（正线、车辆综合基地）；

（3）不同情况下接触网悬挂安装示意图（正线、车辆综合基地）；

（4）车辆综合基地库内典型悬挂安装示意图。

10.5　杂散电流腐蚀防护

10.5.1　设计说明书

10.5.1.1 工程概述

简述线路形式、长度，地下、地上车站数量，道床形式，车辆综合基地的设置。

10.5.1.2 设计范围

10.5.1.3 设计依据、原则及标准

设计依据：招标文件（设计任务书）；可行性研究报告；相关规范、标准。

设计原则：安全、可靠、节能和环保的要求；本次设计高于国家、行业规范的要求；设计依据中没有明确的重要要求。

设计标准：本次设计涉及安全、功能的设计指标及设备配置。

10.5.1.4 上一阶段审查意见和执行情况

10.5.1.5 设计接口

与供电其他子专业的界面划分和技术配合要求；与其他相关专业的技术配合要求。

10.5.1.6 设计方案

1）防护方案及相关要求；

2）排流系统方案及运行方式；

3）监测系统方案；

4）对运营管理的建议。

10.5.1.7 系统计算结果

计算书（归档，但不作文件交给甲方）内容主要包括排流网钢筋截面积的计算。

10.5.1.8 设备选型

排流柜的选择及技术参数；参比电极的选择及技术要求采集、传输设备技术参数。

10.5.1.9 存在问题及下一阶段设计注意事项

10.5.1.10 主要工程数量

10.5.2 设计图纸

全线杂散电流腐蚀防护系统图

10.6 供电车间

供电车间的功能、设置范围、主要设计原则等。

11 通　信

11.1 设计说明书

11.1.1 工程概述

简述本工程与通信专业相关的线路全长、车站的基本情况（包括地下、地面、高架以及交汇换乘站数量），控制中心、车辆综合基地的设置位置，运营车辆数量以及最大最小站间距、主变电所情况描述等。

11.1.2 设计范围

定性描述通信系统的涵盖内容和主次关系，然后按专用通信系统、民用通信系统、公安通信系统分别描述具体的设计范围。

11.1.3 设计依据、原则及标准

设计依据：可行性研究报告及"专家评审意见"、批准的设计任务书，设计合同及编号等。

设计原则：定性描述通信系统应具备的功能、应满足的技术要求以及通信系统设备对环境的要求等的主要设计原则。

设计标准：说明本工程所采用的现行国际、国家和行业设计规范及标准。

11.1.4 上一阶段审查意见和执行情况

11.1.5 设计方案

1）专用、公安、民用通信系统

（1）通信系统各子系统的主要功能；

（2）通信系统各子系统设计方案、方案比选及系统构成；

（3）通信系统各子系统的设备选型。

2）维修管理体制及定员

说明维修组织的构成、功能及定员配备；根据系统设备的维修模式，确定仪器仪表的配置。

11.1.6 设计接口

系统内部各子系统接口方式及要求；与其他及外部相关专业的接口说明和要求及配合设计。

11.1.7 通信系统设备的国产化分析

11.1.8 主要设备及工程数量表

11.2 设计图纸

1）专用传输系统图；

2）专用及公务电话系统图；

3）无线通信系统图；

4）视频监视系统图；

5）广播系统图；

6）电源系统图；

7）集中告警系统图；

8）民用通信无线引入系统图；

9）公安通信无线引入系统图；

10）公安视频监视系统图；

11) 控制中心、典型车站及车辆综合基地通信设备室设备布置示意图。

12 信 号

12.1 设计说明书

12.1.1 工程概述

简述本工程与信号专业相关的线路全长、车站的基本情况（包括地下、地面、高架以及交汇换乘站数量），长大地下区间的基本情况，控制中心、车辆综合基地的设置位置，线路最高运行速度等。

12.1.2 设计范围

12.1.3 设计依据、主要设计原则及标准

设计依据：可行性研究报告；批准的设计任务书；设计合同及编号等。

设计原则：定性描述信号系统应具备的功能、应满足的技术要求以及信号系统设备对环境的要求等的主要设计原则。

设计标准：说明本工程所采用的现行国际、国家和行业设计规范及标准。

12.1.4 上一阶段审查意见和执行情况

12.1.5 设计方案

1）方案比选；

2）系统功能及构成分析；

3）系统运营控制模式。

12.1.6 系统指标评估及分析

12.1.7 系统计算结果

12.1.8 设计接口

系统内部各子系统接口方式及要求；与其他及外部相关专业的接口说明和要求及配合设计。

12.1.9 设备选型

12.1.10 系统国产化分析

12.1.11 维修管理体制及定员

12.1.12 相关工程事宜

相关防雷、接地、电缆等相关工程方案的说明。

12.1.13 主要设备及工程数量表

12.2 设计图纸

1）系统功能示意图；

2）系统配置示意图；

3）正线信号设备平面布置示意图；

4）车辆综合基地信号设备平面布置示意图；

5）设备集中站及非设备集中站室内设备布置示意图；

6）控制中心信号室内设备布置示意图；

7）车辆综合基地信号室内设备布置示意图；

8）信号系统与相关专业接口示意图。

13 通风、空调与供暖

13.1 全线系统设计说明书

13.1.1 工程概述

13.1.2 设计范围

13.1.3 设计依据、原则及标准

设计依据：可行性研究报告及"专家评审意见"；批准的设计任务书；设计合同及编号等。

设计原则：定性描述本系统应具备的功能、应满足的技术要求。

设计标准：设计规范；室内、室外气象参数，新风量，空气质量，风速等本专业各个方面的设计标准。

13.1.4 上一阶段审查意见和执行情况

13.1.5 设计接口

说明本专业与相关专业、全线系统设计与车站及隧道系统设计的设计界面及接口位置。

13.1.6 系统设计的基础资料

说明与系统设计相关的线路、车站、客流、车辆、行车组织、车站设备及站台门等基础资料。

13.1.7 设计方案

1）区间隧道通风系统；

2）公共区通风空调系统；

3）设备及管理用房通风、空调与供暖系统；

4）空调水系统；

5）防烟、排烟系统；

6）运行模式；

7）控制模式；

8）减振降噪措施；

9）节能措施；

10）管道的材料及保温。

13.1.8 系统计算结果

1）全线系统风量及冷量汇总表；

2）模拟计算结果。

13.1.9 存在问题及下一阶段设计注意事项

13.1.10 主要工程数量汇总表

应列出全线主要设备及材料的名称、选型参数、规格及数量。

13.2 全线系统设计图纸

1）全线隧道通风空调系统原理图；

2）典型车站通风空调系统原理图；

3）典型车站空调水系统原理图；

4）典型车站通风空调平面、剖面图；

5）典型车站系统控制模式表；

6）典型区间隧道系统控制模式表；

7）模拟计算结果图。

13.3 车站及隧道工点系统设计说明书

13.3.1 工程概述

13.3.2 设计范围

13.3.3 设计依据、原则及标准

设计依据：可行性研究报告及"专家评审意见"；批准的设计任务书；设计合同及编号等。

设计原则：定性描述本系统应具备的功能、应满足的技术要求。

设计标准：设计规范；室内、室外气象参数，新风量，空气质量，风速等本专业各个方面的设计标准。

13.3.4 上一阶段审查意见和执行情况

13.3.5 设计接口

说明本专业与相关专业、全线系统设计与车站及隧道系统设计的设计界面及接口位置。

13.3.6 设计方案

1）区间隧道通风系统；

2）公共区通风空调系统；

3）设备及管理用房通风、空调与供暖系统；

4）空调水系统；

5）防烟、排烟系统；

6）运行模式；

7）控制模式；

8）减振降噪措施；

9）节能措施；

10）管道的材料及保温。

13.3.7　系统计算结果

系统风量、冷量及排烟量汇总表。

13.3.8　存在问题及下一阶段设计注意事项

13.3.9　主要工程数量

应列出主要设备及材料的名称、选型参数、规格及数量。

13.4　车站及隧道工点系统设计图纸

1）车站总平面图；

2）公共区通风空调分层平面图（包括站厅层、站台层、站台板下、出入口及换乘通道等）；

3）设备及管理用房通风、空调与供暖平面图；

4）车站通风空调标准断面图；

5）通风空调机房平面、剖面图（包括通风空调机房、风道、冷冻站、隧道内部风机房等）；

6）隧道射流风机布置平面、剖面图；

7）通风空调风系统原理图；

8）通风空调水系统原理图。

13.5　计算书（归档，但不作文件交给业主）

1）冷负荷、热负荷、风量、冷冻水量、冷却水量及主要设备的选择等计算；

2）空气处理过程焓湿图；

3）系统设计模拟计算。

14　给水排水和消防

14.1　给水排水及消防给水系统

14.1.1　设计说明书

14.1.1.1　工程概述

说明本工程建筑的基本情况，站点周围的市政给水水源及排水管网情况。

14.1.1.2　设计范围

14.1.1.3 设计依据、原则及标准

当地自来水公司、排水管理、消防管理等有关部门对本专业提出要求的批复意见。

说明批准的设计任务书、设计规范、设计标准及原则。

14.1.1.4 上一阶段审查意见和执行情况

14.1.1.5 设计接口

说明本专业与相关专业的设计界面及接口位置。

14.1.1.6 给水系统

1）生产、生活给水系统

说明各项用水量标准及用水量；说明市政水源及供水压力情况，给水系统从市政自来水管网引入管的位置、数量及管径；说明给水系统构成及功能，管道敷设方式。

2）消防给水系统

说明消火栓系统的室内、室外消防用水量标准，以及自动喷水灭火系统的用水量标准；根据市政自来水提供的水源及供水压力情况，说明消火栓及自动喷水灭火系统的系统构成，包括消防泵房、消防水池及稳压泵的设置情况等；说明消火栓系统的成环方案、消火栓的设置原则、自喷系统喷头的选型要求等。

3）循环冷却水系统

说明冷却水系统的系统构成，供水及回水水温、水量、水质及水压要求。水处理方式。冷却泵及冷却塔位置及设备选型要求等。

4）热水供应系统

如工程要求设该系统时，应说明系统选择，用水量、水温、水质、热源及加热方式、用水时间、用水量计算表，最大小时用水量及耗热量，设备选型、管材、管道温度及敷设方式。

5）电保温系统

应说明电保温系统的设置原则及要求。

14.1.1.7 排水系统

说明各项排水量标准，屋面或敞开口的暴雨强度等；说明地铁工程排水系统的分类；说明地铁工程各类排水泵房、集水池的设置位置及设置要求，车站内各排水地漏和排水横截沟的设置原则等。

14.1.1.8 给水排水及消防系统控制要求

说明所有生产、生活给水、排水及消防给水设备的启动方式、控制要求等。

14.1.1.9 系统计算结果

计算书（归档，但不作文件交给甲方）内容主要包括：给水用水量、排水量、水泵选择、水池容积、排雨水泵站的汇水面积及排雨水量计算，消防给水及自动喷水灭火系统水力计算，冷却循环给水系统，设备选型及水力计算。

应列出用水量计算表，对雨水的汇水面积、重现期应采用当地暴雨强度公式进行雨水量计算并列计算表。

14.1.1.10 灭火器的配置

说明灭火器的配置级别、设计原则等。

14.1.1.11 设备选型

应说明所有生产、生活给水、排水、消防给水设备的设计参数，灭火器的选型要求等，说明所有室内、室外管道的选型要求。

14.1.1.12 节能与环保

14.1.1.13 存在问题及下一阶段设计注意事项

14.1.1.14 主要工程数量

14.1.2 设计图纸

1）全线给水排水总平面图

绘出全线各站点与城市自来水给水管网和市政雨、污水排水管网接管的管道数量、管径及位置，车站及区间主废水泵站以及雨水泵站的位置，区间泵房和雨水泵房出水管方向，指北针等。

2）车站给水排水及消防总平面图

绘出该站给水引入管道位置、排水出口管道位置，并绘出消火栓井、阀门井、水表井、排水检查井、水泵接合器井、化粪池、冷却塔等有关设施的位置，该图应有指北针。

3）站厅层及站台层（含出入口、风道）给水排水及消防平面图

绘出给水排水及消防管道的走向、位置、管径及主要标高，公共区及设备用房地漏位置、消火栓、喷头的位置等。绘出出入口风道给水排水接出管的位置等。

4）生产、生活及消防给水系统图

绘出管线、管径及标高，标出和城市地面给水排水 管道接管的位置标高。绘制的范围应包括设计范围内的所有给水系统（含室外水表井、室外消火栓及水泵接合器等）。

5）冷却循环给水系统平面图及系统原理图

绘出管道冷却塔、冷却泵位置，系统图注明管径标高。

6）污水泵房、主废水泵房及消防泵房大样图

绘出泵房内各设备及管道的布置图。

14.2 气体灭火系统

14.2.1 设计说明书

14.2.1.1 工程概述

本工程建筑的基本情况。

14.2.1.2 设计范围

本专业的设计范围及内容，应列明保护区的房间名称。

14.2.1.3　设计依据、原则及标准

批准的设计任务书、设计规范、设计标准及原则。

14.2.1.4　上一阶段审查意见和执行情况

14.2.1.5　设计接口

本专业与相关专业的设计界面、接口位置及接口内容。

14.2.1.6　设计方案

气体灭火系统的灭火介质、房间内喷头布置的原则、系统功能及构成方式；控制系统的构成方案，系统的工作流程控制方式等。

14.2.1.7　系统计算结果

计算书（归档，但不作文件交给甲方）内容主要包括：气体灭火系统管网水力计算、设备选型。

14.2.1.8　设备选型

应说明本系统重要设备、管道的选型要求。

14.2.1.9　存在问题及下一阶段设计注意事项

14.2.1.10　主要工程数量

14.2.2　设计图纸

1）管网系统原理图

绘出所有保护区管网系统组合分配的方案。

2）典型车站的管网布置图

绘出典型车站的气体灭火管道走向、位置、管径及主要标高等。

3）气瓶间大样图

4）控制系统原理图、平面图

15　动　力　照　明

15.1　设计说明书

15.1.1　工程概述

15.1.2　设计范围

15.1.3　设计依据、原则及标准

15.1.4　上一阶段审查意见和执行情况

15.1.5　设计接口

设计接口为专业界面划分。

15.1.6　负荷分级及供电原则

15.1.7 动力设计

简述动力配电系统和配电方式，控制方式，动力设备负荷，动力设备安装方式。

15.1.8 照明设计

简述照明种类，照明配电电压、配电系统形式及配电方式，照度标准，光源及灯具选择，照明控制方式，应急照明的设置、供电和控制。

15.1.9 防雷、接地及等电位联结

15.1.10 节能

15.1.11 负荷统计及计算结果

计算书（归档，但不作文件交给甲方）内容主要包括：负荷有功计算容量、计算电流；线路电压损失、短路电流、故障电流。

15.1.12 导线、电缆的选择及敷设方式

15.1.13 设备选型

15.1.14 存在问题及下一阶段设计注意事项

15.1.15 主要工程数量

15.2 设计图纸

1）动力总配电系统图

图纸上标出负荷等级，负荷名称，配电箱编号，设备容量，电缆型号及规格，电缆长度。

2）照明总配电系统图

负荷名称，照明配电箱编号，设备容量，电缆型号及规格，电缆长度，不画展开图。

3）环控电控柜排列图

负荷名称，电控柜编号，设备容量，计算电流，主要元器件规格、电缆型号及规格。

4）动力照明干线路径及配电箱平面布置图

图纸表示出动力照明干线路径，动力照明配电箱位置及编号，照明配电室及环控电控室平面布置等。

5）区间动力、照明干线配电示意图

注：初步设计不出动力及照明的平面图，但应绘出草图以统计设备材料数量。

16 火 灾 自 动 报 警

16.1 设计说明书

16.1.1 工程概述

简要介绍工程概况和本工程设有哪些与消防有关的设备系统。

16.1.2 设计范围

叙述本系统设计涉及的工程范围及系统所包括的设计内容。应明确系统与所涉及的其他设备系统的设计分界点。

16.1.3 上一阶段审查意见和执行情况

16.1.4 设计依据、原则及采用的标准

列出设计所依据的规范和有关文件。

16.1.5 设计方案

1）系统构成

全线系统构成、中心级构成、车站级构成、车辆综合基地构成、区间系统构成、全线网络及接口应有较详细方案。

2）系统功能

叙述系统具备的功能，明确中心级功能、车站级的功能。

3）系统方案

叙述全线系统方案、中心级与车站方案、区间方案、环境与设备监控系统关系等。

4）设备选型及接口

根据不同场所而选择的探测器类型配置，根据不同的联动控制对象所选择的各类模块配置以及与这些设备的接口位置和要求。

5）电源及接地

16.1.6 组织机构及人员配置

16.1.7 存在问题及下一阶段设计注意事项

16.1.8 主要工程数量表（按中心及区间、车站、车辆综合基地分别统计）

16.2 设计图纸

1）火灾自动报警全线系统构成图；

2）车站火灾自动报警系统构成图；

3）典型车站火灾自动报警平面图；

4）车站监控点表。

17 环境与设备监控

17.1 设计说明书

17.1.1 工程概述

简要介绍工程概况和本工程设有哪些设备系统。简要叙述系统所管理的地域范围和

控制对象及其内容。

17.1.2 设计范围

17.1.3 上一阶段审查意见和执行情况

17.1.4 设计依据、原则及采用的标准

列出设计所依据的规范和有关文件；相关专业提供的资料要求，作为编排控制程序和系统设计的依据。

叙述系统设计所遵循的主要原则，包括系统规模划分、全线网络组成的原则，以及与环境与设备监控系统的联动控制关系等。

17.1.5 设计方案

1）系统构成

全线系统构成、中心级构成、车站级构成、车辆综合基地构成、区间系统构成、全线网络及接口应有较详细方案。

2）系统功能

叙述系统具备的功能，明确中心级功能、车站级的功能。

3）设备配置及设置

包括中心级、车站级设备、现场级设备等的设置。

4）设备选型及接口

根据不同场所而选择的现场控制器配置选型原则，根据不同的联动控制对象所选择的各类模块配置以及与这些设备的接口位置和要求。

5）电源及接地

17.1.6 组织机构及人员配置

17.1.7 存在问题及下一阶段设计注意事项

17.1.8 主要工程数量表

17.2 设计图纸

1）环境与设备监控全线系统图；

2）中心级系统图（若独立设中心）；

3）典型车站环境与设备监控系统图；

4）车站控制点表。

18 自 动 售 检 票

18.1 设计说明书

18.1.1 概述

18.1.1.1 工程概况

车站一般情况：名称、数量（包括高架、地面、地下）；换乘车站情况：名称、数量、换乘线路、换乘形式、换乘时间；控制中心与维修基地情况：名称、位置；客流规模：全日客流量、高峰小时客流量、换乘客流量。

18.1.1.2　既有系统概况

清分管理中心系统情况（如有）；既有自动售检票系统情况（如有）；公交一卡通情况。

18.1.1.3　设计年限

18.1.1.4　设计范围

18.1.1.5　上一阶段审查意见和执行情况

18.1.2　设计依据、原则及采用的标准

设计依据：可行性研究报告及"专家评审意见"；批准的设计任务书；设计合同及编号；相关规范等。

主要设计原则：有关"一票通"、"一卡通"的原则；系统能力及设备配置原则；票制原则；分级管理原则；可靠性、可维护性、可扩展行、安全性原则；耐受环境原则；连续运行原则。

采用的主要技术指标。

18.1.3　票务管理

在可行性研究报告的基础上，进一步明确各票种的主要功能、主要业务的处理设备及处理流程。

18.1.4　运营模式

18.1.5　系统构成及功能

说明所构成的子系统和设备，其中子系统构成需细化至具体设备种类。细化各子系统、设备的功能，并提出主要性能要求和技术指标。

18.1.5.1　系统构成

18.1.5.2　系统及设备功能

18.1.6　网络系统

描述网络系统的基本要求。

说明由哪几级网络构成、每级网络的带宽、每级网络之间的带宽、网络设计方案、线缆要求等。

说明网络管理的主要功能。提出网络设备的主要技术要求。

18.1.7　电源及接地

说明电源/配电设计的基本要求、配电设计方案及线缆要求。以列表形式说明各站、各配电箱、各主干回路的容量。

说明接地目的、用途。说明保护接地、弱电工作接地设计方案。

18.1.8　设备配置及布置

配置原则，主要计算参数，预测客流。说明全线初、近、远期各站早晚高峰小时上下车客流、换乘客流。

统计各站车站终端设备配置数量。

18.1.9 设备用房

描述设置原则。控制中心用房，车站用房，综合维修基地用房均需说明用房名称、面积、位置要求、用途及其他技术要求。

18.1.10 系统维修及定员

说明维修体制、维修组织结构及分工、维修所需设备。

说明线路中心定员、维修定员。其中车站定员由行车组织和运营管理专业确定，自动售检票系统专业不必确定及说明。

18.1.11 国产化方案

分析国产化现状，说明国产化方案、国产化率。

18.1.12 系统接口

说明与清分管理中心系统接口、与公交"一卡通"系统的接口、与相关换乘线路自动售检票系统的接口。

说明与本工程相关专业的接口。接口内容主要包括接口位置、各专业所负责内容。

18.1.13 存在问题及下一阶段设计注意事项

18.1.14 主要工程数量表

统计主要工程数量，包括主要设备数量、设备安装、调试量，主要材料数量，管线敷设量，线缆敷设、成端、连接、测试量，各子系统的联调测试，与外部系统的联调测试，与相关专业的联调测试，全系统联调测试等。

18.2 设计图纸

1）票务流程图；

2）系统构成图；

3）组网、配电原理图（含中心、车站组网原理图）；

4）典型车站设备平面布置图；

5）车站自动售检票系统标准布置图。

车站标准布置图包括车站用房标准布置图、售票亭典型布置图、自动售票机典型布置图、自动检票机典型布置图等。

19 自动扶梯及电梯

19.1 设计说明书

19.1.1 概述

19.1.1.1　工程概况

19.1.1.2　设计范围

19.1.1.3　上一阶段审查意见和执行情况

19.1.2　设计依据及采用标准

19.1.3　设备选型

19.1.3.1　主要设计原则

19.1.3.2　主要技术参数及技术要求

19.1.3.3　设备设置要求

19.1.3.4　设计接口

设计接口含专业界面划分和技术要求。

19.1.4　设备运营及管理模式

19.1.5　设备国产化

19.1.6　存在问题及下一阶段设计注意事项

19.1.7　主要工程数量表

19.2　设计图纸

1）自动扶梯主要结构参数图（含站内、出入口）；

2）自动扶梯布置图（并列、中间支撑）；

3）电梯主要结构参数图（贯通、一侧开门）。

20　综　合　监　控

20.1　设计说明书

20.1.1　工程概述

简要介绍工程概况和本工程设有哪些与综合监控系统有关的设备系统。

20.1.2　设计范围及内容

叙述本系统设计涉及的工程范围及系统所包括的设计内容。

20.1.3　上一阶段审查意见和执行情况

20.1.4　设计依据及标准

列出设计所依据的规范和有关文件。

叙述设计所遵循的主要原则，包括确定安全性、可靠性、可扩展性等。

20.1.5　设计接口

应明确系统与所涉及的其他设备系统的设计分界点，IBP盘与各系统专业的接口分界点。

20.1.6　系统构成及设计方案

系统的总体结构、系统集成方案、中央级系统构成及方案、车站（车辆综合基地）级系统构成及方案、现场级系统构成及方案（如有）、换乘站方案、主干网构成方案。

叙述系统具备的功能，系统功能包括通用功能、集成互联系统功能、联动功能、网络管理系统、设备维护管理系统、培训管理系统应实现的功能。

明确运营控制中心、车站控制室、车辆综合基地的设备配置、选型原则及国产化分析。

根据软件可选不同的服务器、交换机、前端处理器的技术指标。

说明电源及接地方案与要求；电缆选型及敷设要求。

说明系统用房需求。

20.1.7　组织机构及定员

说明运营机构及定员，维修机构及定员。

20.1.8　与相关专业接口

说明接口设计原则、IBP盘接口、与相关专业的接口。

20.1.9　主要设备材料表

20.2　设计图纸

1）综合监控系统全线系统构成图；

2）综合监控系统典型车站系统构成图；

3）典型车站控制室、设备室布置图。

21　乘　客　信　息

21.1　设计说明书

21.1.1　工程概述

简要介绍工程概况。

21.1.2　设计范围及内容

叙述本系统设计涉及的工程范围及系统所包括的设计内容。

21.1.3　设计依据、原则及标准

叙述设计所遵循的主要原则，包括确定实时性、安全性、可靠性、可扩展性等。列出设计所依据的规范和有关文件。

21.1.4　上一阶段审查意见和执行情况

21.1.5　设计方案

控制中心、车站、全线网络及接口详细方案。

叙述系统具备的功能，明确运营控制中心、车站控制室应实现的功能。

根据车地无线通信设备的测试情况选用不同的设备及相关的技术指标。说明电源及接地方案与要求。

21.1.6　设计接口

应明确 PIS 系统与所涉及的其他设备系统的设计分界点。

21.1.7　设备选型

21.1.8　组织机构及定员。

21.1.9　主要设备及工程数量表

21.2　设计图纸

1）PIS 全线系统图；

2）系统典型车站设备布置示意图。

22　办　公　自　动　化

22.1　设计说明书

22.1.1　工程概述

22.1.2　设计范围

叙述本系统设计所涉及的工程范围及系统所包括的设计内容。

22.1.3　设计依据、原则及标准

说明系统目前所采用的规范、甲方来文、其他设计输入文件。

叙述系统设计所遵循的主要原则，主要从系统的可靠性、安全性、可扩充性、经济性方面设计原则进行描述。

22.1.4　上一阶段审查意见和执行情况

22.1.5　设计方案

1）硬件建设方案

对于综合维修中心 OA 终端配置、站务管理及 OA 终端配置、车站管理内容、车站工作岗位设置、车站人员的工作班制进行分析。对系统的存储设备、网络设备、安全设备、综合布线系统进行分析描述。

2）软件建设方案

包含操作系统、数据库、中间件、数据引擎；软件体系结构；应用软件。

3）网络组网方案

对于全线系统的组网方案进行描述，包括是否独立组网，网络带宽进行描述。

4）电源与接地、设备用房

22.1.6　设计接口

22.1.7　主要设备及工程数量表

22.2 设计图纸

1) 全线、典型车站、车辆综合基地系统图；

2) OA 中心系统图（也可以包含在全线系统图中体现）。

23 门　　禁

23.1 设计说明书

23.1.1 工程概述

23.1.1.1 设计范围

叙述本系统设计所涉及的工程范围及系统所包括的设计内容。

23.1.1.2 设计依据

23.1.1.3 上一阶段审查意见和执行情况

23.1.1.4 设计规范及标准

本系统设计所依据的规范和有关文件。

叙述本系统设计所遵循的主要原则，包括门禁系统和其他系统的集成或互联方式、系统架构、火灾联动方式等。

23.1.2 系统构成及设计方案

23.1.2.1 主要设计原则

23.1.2.2 主要设计技术参数

23.1.2.3 系统构成

应包括门禁的总体构架、中心级门禁系统设计、车站级门禁系统设计、就地级门禁系统设计、门禁监控点设置、换乘站门禁设置方案。

23.1.2.4 系统功能

叙述本系统具备哪些功能，主要明确控制中心（中央级）、车站控制室（车站级），以及现场级门禁控制器、门禁终端设备等应具有的功能。

23.1.2.5 控制及运行模式

中心、车站级的管理方式，在线、离线和灾害下的运行模式。

23.1.2.6 门禁监控点设置

根据车站、车辆综合基地、控制中心大楼的建筑形式，以及地铁运营、管理的实际需求，确定门禁监控点的设置部位。

23.1.2.7 门禁设备安装及电缆敷设

中心、车站级的管理方式，在线、离线和灾害下的运行模式；叙述门禁设备的安装位置、安装方式、安装高度，以及线缆敷设方式等。

23.1.2.8 电源与接地

23.1.3 设备选型与国产化

简述设备选择的要求和原则，以及国产化指标。

23.1.4 与相关专业接口

应明确门禁系统与其他设备系统的设计分界点，划分责任，以利工程实施。

23.1.5 存在问题及下一阶段设计注意事项

23.1.6 主要设备材料数量表

23.2 设计图纸

1）门禁系统全线系统构成图；

2）门禁系统典型车站系统构成图；

3）门禁系统就地级设备线缆连接图。

24 站 台 门

24.1 设计说明书

24.1.1 概述

24.1.1.1 工程概述

简述线路敷设形式，车站建设规模及立柱分布基本情况，车辆通过车站情况（含停站、过站、进出站列车运行速度等）。

24.1.1.2 设计范围

24.1.1.3 设计依据

24.1.1.4 上一阶段审查意见和执行情况

24.1.2 主要设计规范及标准

本系统设计所依据的规范和有关文件。

叙述本系统设计所遵循的主要原则，包括和其他系统的集成或互联方式、系统架构，火灾下运行原则。

24.1.3 系统构成及方案设计

24.1.3.1 主要设计原则

24.1.3.2 主要技术参数

24.1.3.3 系统构成及功能

24.1.3.4 控制及运行模式

24.1.3.5 设备选型与国产化

24.1.3.6 门体形式及安装方式

24.1.3.7 接地及绝缘

24.1.3.8 安全防护措施

24.1.3.9 与相关专业接口

设计接口含专业界面划分、技术要求。

24.1.4 系统用房及维护定员

24.1.5 存在问题及下一阶段设计注意事项

24.1.6 主要设备材料表

24.2 设计图纸

1) 站台门系统组成图；

2) 控制系统原理图；

3) 开、关门流程图；

4) 配电系统原理图；

5) 站台门典型平、立面布置图；

6) 站台门安装剖面图；

7) 站台门设备室典型布置图。

25 声 屏 障

25.1 设计说明书

25.1.1 工程概述

25.1.2 设计范围

应列表说明工程涉及的噪声敏感点名称，与线路的相对位置关系。

25.1.3 设计依据、原则及标准

包括设计依据及采用的规范，各噪声敏感点采用的噪声标准，声屏障位置、高度、长度、厚度等参数的确定原则。

25.1.4 上一阶段审查意见和执行情况

25.1.5 工程环境影响评价建议措施及环评批复执行情况

25.1.6 设计接口

声屏障专业与其他专业的设计界面划分。

25.1.7 声学设计基础数据

包括列车运行计划表、列车运行噪声值，并应列表说明工程涉及的噪声敏感点的背景噪声情况。

25.1.8 设计方案

应列表说明针对不同的噪声敏感点设置的声屏障设置形式及设置里程、不同形式声屏障的结构组成形式、声屏障材料及构件选择要求。

25.1.9 材料选型及国产化

25.1.10 存在问题及下一阶段设计注意事项

25.1.11 主要工程数量

25.2 设计图纸

1）声屏障平面布置图 1∶1000

应分段详细标明声屏障的起点、终点里程及平面位置，噪声敏感区的位置及与线路的距离。

2）声屏障横剖面图 1∶50

横剖面图为垂直线路方向的剖面。应表示出各种类型声屏障在横断面上与线路、限界、电缆托架以及人行步道等的相对位置，声屏障的横断面结构。

3）声屏障板构造图

表示声屏障板各部分的材质、构造及尺寸。

4）声屏障钢架断面图（结构专业）

5）声屏障钢架平面图（结构专业）

6）地面段声屏障钢架基础图（结构专业）

26 车站内部管线综合

26.1 设计说明书

26.1.1 工程概述

简述车站站位、出入口、风亭、冷却塔的设置位置以及车站周边环境，车站形式及换乘方式，车站平面布局、层数及各层的净高和吊顶高度要求，车站规模和各层面积，车站防火分区划分及楼扶梯穿越设备用房的防火分隔位置等。

26.1.2 设计范围

包括车站组成范围，机电设备专业各系统、各类管线以及综合吊架设计范围。

26.1.3 设计依据、原则及标准

1）设计依据

建筑和各机电设备专业提供的初步设计基础资料；主要法规和所采用的主要标准（包括标准名称、编号、年号和版本号）；总体单位提供的初步设计车站管线综合技术要求。

2）主要设计原则

简述车站公共区及设备管理用房区对管线的安装高度要求，设备吊装孔、设备运输通道及预留门洞对管线敷设的避让、检修、更换、运输等空间要求，主体结构外挂变电所等设备用房及侧式站台设备用房电缆敷设的要求，以及站厅层布设变电所时电缆敷设方式对结构净空的要求等。

简述车站公共区吊顶内管线综合相对位置布置原则，设备管理用房走道吊顶内风、水、电等管线综合相对位置布置原则，强、弱电管线相对位置布置原则，管线交叉及叠落布置原则，以及动力照明电缆桥架和通信、信号等弱电管线布置原则等。

简述与设备无关的管线敷设原则，设备用房内设备与风管的布设原则，以及通风方式不同对设备管线敷设要求等。

简述对上、下水管道穿越强电房间的限制措施，对设置在弱电用房内的风机盘管和接水管要求，车站控制室和气瓶间对无关管线穿越的限制要求，以及高、低压电缆穿越弱电房间要求等。

简述管道宽度对两侧预留安装、检修空间的影响及要求。

简述综合管线对不同结构形式的空间高度要求，和对不同结构形式的空间利用，以及站台板下管线通道和排热风道对底板纵梁下翻和楼扶梯、电梯布置的要求等。

简述车站站台门外设备用房及外走道的管线布置原则及管线最低控制标高。

3）主要技术标准

强电（动力照明）专业电缆桥架布置要求；弱电（通信信号、火灾自动报警、环境与设备监控、自动售检票、乘客信息、综合监控、办公自动化、门禁、站台门等）专业管线之间以及与其他专业管线之间布置要求；通风空调专业管线布置要求；给水排水专业管线布置要求；装修专业要求；管线穿越防火墙、楼板及防火分隔物的防火封堵技术要求等。

26.1.4　设计接口

1）说明车站主体与出入口、风道及物业开发等的分界点划分，以及车站外部管线接入点的位置；

2）说明车站和远期换乘车站设计分界点。

26.1.5　存在问题及下一阶段设计注意事项

26.2　设计图纸

1）管线图例及专业代码；

2）站厅层天花、地板管线综合平面图；

3）站台层天花、板下管线综合平面图；

4）其他设备层或附属用房天花、地板管线综合平面图；

5）各层管线剖面图。

注：车站管线综合平面图比例为1：100、1：200，剖面图比例为1：50。对管线密集区宜增加剖面图，表明管线与相邻管线及墙体、顶板及吊顶间的距离，并注明主要交叉点上、下管线的标高和水平间距。

27　车 辆 综 合 基 地

27.1　总说明

27.1.1　设计说明书

27.1.1.1　工程概述

27.1.1.2　建设条件分析

27.1.1.3　设计依据、设计年限及设计范围

27.1.1.4　设计原则

27.1.1.5　设计基础资料

27.1.1.6　上一阶段审查意见和执行情况

27.1.1.7　工艺设计

27.1.1.8　站场

27.1.1.9　房屋建筑

27.1.1.10　低压配电

27.1.1.11　供暖、通风及空气调节

27.1.1.12　给水排水及消防

27.1.1.13　综合布线

27.1.1.14　管线综合

27.1.1.15　节能与环保措施

27.1.1.16　劳动、安全、卫生

27.1.1.17　工期计划

27.1.1.18　主要技术经济指标表

27.1.1.19　房屋建筑面积表

27.1.1.20　存在问题及下一阶段设计注意事项

注：结合各专业的设计说明，突出重点。

27.1.2　设计图纸

1）站段位关系图；

2）总平面图；

3）管线综合图。

27.2　工艺

27.2.1　设计说明书

27.2.1.1　工程概述

27.2.1.2　设计范围

27.2.1.3　设计依据、原则及标准

27.2.1.4　上一阶段审查意见和执行情况

27.2.1.5　车辆综合基地工艺设计

配属车辆数、年检修任务量及检修台位、车辆综合基地的功能划分及规模、运用及主要检修作业流程。各检修车库、车间、救援设施等的工艺设计（包括任务内容，工作

量，车间组成及面积，主要设备数量，水、电、压缩空气用量，定员等）。

27.2.1.6 其他基地工艺设计

功能任务及规模，综合维修中心、物资总库、培训中心各车间的工艺设计（包括其任务，工作量，车间组成及面积，主要设备数量，电、水用量，定员等）。

27.2.1.7 组织机构及定员

组织机构框图以及各单位行政、生产、后勤人员的设置数量表。

27.2.1.8 存在问题及下一阶段设计注意事项

27.2.1.9 主要设备概数表

注：确定运用及各检修修程的工艺流程、作业内容，确定段、场的合理分工以及段、场的运用、检修设施规模，确定各股道种类、数量、技术要求和各建筑个体平面尺寸、剖面尺寸、技术要求、定员等资料以及对上下水、供暖、通风与空调、供电、低压配电、通信、信号等设备专业的技术要求。

27.2.2 设计图纸

1) 车辆综合基地工艺总平面图；

2) 各运用、检修车库、车间设备平面布置图、剖面图及设备表；

3) 各辅助生产设施设备平面布置图、剖面图及设备表；

4) 室内外压缩空气管路平面图、系统图及工程数量表。

27.3 站场

27.3.1 设计说明书

27.3.1.1 工程概述

说明设计依据、设计年限及设计范围，场区的地理位置与勘测设计概况，场区的地形、地貌、地质、水文、地震等自然情况，采用先进技术情况。

27.3.1.2 设计范围

27.3.1.3 设计依据、原则及标准

27.3.1.4 上一阶段审查意见和执行情况

27.3.1.5 设计方案

1) 总平面布置；

2) 说明采用的曲线半径、线路坡度、道岔型号等技术标准；

3) 说明设计的原则、方案的构思与比较、特殊地段处理以及工程量计算等；

4) 说明出入段线设计的原则、标准、方案比较情况等；

5) 说明路基设计的原则、标准；

6) 说明道路及排水设计的原则、标准、方案比较情况等；

7) 说明征地和拆迁情况。

27.3.1.6 工程主要数量

27.3.1.7 存在问题及下一阶段设计注意事项

27.3.2 设计图纸

1）线路平面设计图（1：2000 或 1：1000）；

2）车辆综合基地出入线平面设计图（1：2000 或 1：1000）；

3）车辆综合基地出入线纵断面图（纵 1：500、竖 1：50）；

4）横断面图（1：200）；

5）铁路专用线平面设计图（1：2000）；

6）铁路专用线纵断面设计图（横 1：1000、竖 1：100）。

以上平面图应表示线路平面位置、曲线要素、坐标控制点等，以及周围道路和建筑现状、道路红线和重要建筑规划。纵断面图应表示纵断坡度、变坡点以及控制里程、线路平面示意图及曲线要素，反映地质断面情况。

27.4 其他各专业

结合轨道交通特点内容及相关专业章节，参照住房城乡建设部《建筑工程设计文件编制深度规定》执行。

28 运 营 控 制 中 心

28.1 设计说明

28.1.1 概述

28.1.1.1 工程概况

28.1.1.2 设计范围

简述本工程的设计主要内容。调度大厅、设备机房、网络管理、共用路径等。

28.1.1.3 设计依据及标准

28.1.1.4 上一阶段审查意见和执行情况

28.1.2 设计基础资料

28.1.3 工艺设计

1）调度大厅的布置方案（分专业布置、综合布置等）；

2）设备机房的设置方案（分专业设置、统一设置等）；

3）网络管理室的设置方案（分专业设置、统一设置等）。

28.1.4 技术接口要求

与建筑、结构、供电、通风、给水排水专业接口要求等。

28.1.5 其他需要说明的问题

28.1.6 设计图纸

1）调度大厅调度台的工艺布置图；

2）设备机房设备的工艺布置图；

3）网络管理室设备的工艺布置图；

4）培训管理设备的工艺布置图；

5）电源室设备的工艺布置图。

28.2 其他各专业

结合轨道交通特点内容及相关专业章节，参照住房城乡建设部《建设工程设计文件编制深度规定》执行。

29 人 防 工 程

29.1 设计说明书

29.1.1 工程概述

29.1.2 设计内容

全线各地下车站的出入口、风道、换乘通道以及区间正线隔断门处的防护段土建设计。各种类型不同型号不同规格的人防防护设备设计（另册）。

29.1.3 设计依据、原则及标准

包括政府批文、可行性研究报告、任务书、合同书及人防设计主要遵循的标准、规范。

29.1.4 上一阶段审查意见和执行情况

29.1.5 设计方案

1）建筑。说明全线抗力级别标准，防护单元设置，出入口设置，换乘通道，区间隔断门，管线密闭，集中信号显示室及装修。

2）结构。说明抗力级别、等强设计，人防结构计算，结构选材，防毒通道。

3）孔口防护。说明人员出口，隧道口，通风口，换乘通道与区间防护。

4）通风。说明战时通风系统方案及运行工况。

5）给水排水。说明战时设计标准，闸阀设置等。

6）电气。说明战时供电电源形式，战时负荷划分，战时应急照明、人防设备与正常照明配电方案。

7）人防信号、通信。说明人防防护设备集中信号室及电话设置方案。

8）平战功能转换。说明使用功能转换，防护功能转换，内部设备功能转换。

29.1.6 存在问题及下一阶段设计注意事项

29.1.7 主要工程数量

29.2 设计图纸

1）全线人防工程平面图，显示区间隔断门的位置里程；

2）各车站战时人防功能总平面图；

3）车站和区间各部位防护段平面、剖面和断面图。

30 交 通 衔 接

30.1 设计说明书

30.1.1 工程概述

说明线路在规划轨道交通线网中的位置，功能服务特性。交通接驳设计范围、规模、建设期限、分期建设计划。

30.1.2 设计范围

30.1.3 设计依据、原则及标准

30.1.4 上一阶段审查意见和执行情况

30.1.5 现状及沿线交通状况

1）站点周边道路现状评价；

2）站点周边现状交通及技术评价（交通量、车辆组成、路口交通量及流向、路口及路段饱和度）；

3）站点周边现状交通设施（机动车及非机动车停车场、公交站场及枢纽、出租车换乘站、人行过街设施、人行集散广场）；

4）站点周边控制性建筑、河流、铁路、地上及地下管线等情况；

5）站点周边工程实施自然条件，如水文、地下水位、降雨、气温等；

6）工程地质资料；

7）地震基本烈度及动峰值加速度。

30.1.6 沿线车站周边交通规划

车站周边道路、立交规划在城市道路网中的性质、功能、位置、走向；交通设施规划（机动车及非机动车停车场、公交站场及枢纽、出租车换乘站、人行过街设施、人行集散广场）。

30.1.7 设计方案

1）车站不同交通方式换乘需求分析，沿线各站点客流预测及不同交通方式接驳分担率预测；

2）站点周边接驳设施平面布局及设计内容：包括人行集散广场、非机动车及机动车停车设施、公交站场、出租车换乘站、人行过街设施等的位置、用地规模、服务能力；相关市政道路及交通设施改造内容及范围；

3）设计方案比选及近远期结合与近期实施方案；

4）实施方案各种交通接驳方式交通组织流线，交叉口交通组织；

5）交通接驳设计范围内的各种新建及改建工程及附属构筑物设计，包括人行集散

广场，非机动车及机动车停车场，公交站场及停靠站港湾，出租车换乘站，道路、人行过街设施；

　　6）交通接驳交通安全及乘客引导标识系统设计原则及方案；

　　7）交通接驳设施附属管理设备设计，包括广场及道路给水排水设计、安全管理设施、照明工程、绿化工程、城市家具等；

　　8）沿线环境保护及景观协调评价；

　　9）新技术应用情况及下一阶段设计的示范工程内容；

　　10）工程建设阶段划分；

　　11）各类地上、地下杆管线，文物古迹，特殊建筑，相关管理部门的联系配合。

　　30.1.8　存在问题及下一阶段设计注意事项

　　30.1.9　主要工程数量

　　30.1.10　工程概算及主要经济指标

　　30.1.11　附件

可行性研究报告批复文件、规划设计条件、有关部门的批复以及协议、纪要等。

30.2　设计图纸

　　1）全线车站分布示意图。

示出全线各站位置，沿线主要道路的概略位置及相对关系。

　　2）全线各站周边现状交通设施图。

包括各站交通衔接设计范围现状道路、机动车及非机动车停车场、公交站场及枢纽、出租车换乘站、人行过街设施、人行集散广场、重要建筑物及单位、文物等，比例1：500～1：2000。

　　3）全线各站周边用地规划图，比例1：500～1：2000。

　　4）车站交通衔接平面设计图，比例1：500～1：1000。

　　（1）规划道路中线位置、红线宽度，新建及改建道路施工范围及平面布置尺寸；

　　（2）新建、迁移车站交通接驳设施的平面布置及占地尺寸；

　　（3）无障碍设施位置及规模；

　　（4）拆迁房屋及征地范围，拆、改、移构筑物的位置。

　　5）挡土墙、涵洞及附属构筑物图。

　　6）换乘标识布置图。

　　7）工程特殊部位技术处理的主要图纸。

　　8）桥梁、排水、绿化景观、供电、照明、监控、通信等设施图。

31 工 程 筹 划

31.1 全线工程筹划设计

31.1.1 全线工程概况和工程特点

31.1.2 工程建设管理组织机构

说明工程建设管理机构的核心目标和职能，划分相应的分管职能部门。

31.1.3 全线工程设计进度计划

包括初步设计阶段、施工设计阶段以及装修设计阶段。根据管理部门需要可增加招标图设计阶段的进度计划。

31.1.4 施工前期准备

阐述全线征地拆迁、全线交通疏解和管线迁改原则，统计全线的征地拆迁数量（见下表），重点车站交通疏解组织（局部区域交通疏解方案说明）等。

全线征地、拆迁汇总表

序号	车站/区间/站场	土地征收（m²）	房屋拆迁量（m²）	拆迁完成时间
1				
2				
3				
4				

31.1.5 总工期计划和年度进度计划

31.1.6 工程实施阶段划分和主要进度指标

阶段划分可分成施工前期准备阶段、土建工程实施阶段（含车站工程、区间工程以及车辆综合基地和控制中心工程）、轨道工程实施阶段、设备安装调试阶段以及设备系统联合调试试运行阶段。

工程主要进度指标应包括：车站、区间土建工程的进度指标；道岔安装工期、铺轨速度；变电站（或开闭所）的安装工期、单系统安装工期、单系统调试工期以及设备联合调试工期；试运营工期（应包括试运行以及试运营两个方面）。

控制节点时间安排：针对全线"洞通"、"轨通"、"电通"、"系统设备联合调试"、"空载试运行"及"开通试运营"等关键节点时间进行论述。

31.1.7 主要施工方法及工程措施

有针对性地论述施工方法和工程技术措施。

大型临时设施设置方案，如制存梁场、铺轨基地、盾构管片预制场等设置方案。

全线关键性工期控制的车站或区间工筹分析和对策。

31.1.8 施工用地指标

31.1.9 地上、地下管线原则性处理意见

31.1.10 工程合同分割与招标投标

31.1.11 全线工程筹划进度图表

按照施工前期准备阶段、车站工程、区间工程、轨道工程、供电工程、设备安装调试阶段以及设备联合调试试运行编制全线工程筹划进度计划图表。

31.1.12 全线主要工程数量统计

主要应从全线征地拆迁数量、土石方数量、管线迁改数量、临时用电变电箱数量、大型施工机具配置数量、交通疏解临时设施数量、混凝土方量、钢筋数量、大型机电设备数量等各方面对全线工程数量进行初步统计。

31.1.13 其他有关内容

应阐述试运营的目的、计划以及作用。

31.1.14 图纸

1）全线盾构推进示意图；

2）全线标段划分示意图；

3）全线工程进度计划时程图。

31.2 单项工程、系统工程筹划设计

31.2.1 工程概况和工程特点

根据工程周边用地、现状交通、现状及规划市政管线、工程规模以及总体工期进度安排等方面编制本工程的工程概况及特点。

31.2.2 工程设计进度计划

涵盖初步设计、招标设计以及施工设计。

31.2.3 施工进度计划和进度指标

包括施工前期准备，分项土建工程工期等。

31.2.4 施工临时用地的布置

主要描述占用临时用地的土地性质、土地权属，占用时间和面积。

31.2.5 施工期间交通组织

描述所占市政交通的情况、周边公交站点的分布及影响情况，施工期间交通组织情况及所需时间等。

31.2.6 地上、地下管线处理意见及保护措施

说明市政管线的迁改及保护处理方案。

31.2.7 施工进度横道图

包含单项工程的前期工程准备计划，土建工程计划，相邻工程配合情况等。

31.2.8 其他有关内容

施工期间的环保要求措施：土渣处理，噪声处理，外水源、电源的落实方案等。

31.2.9 图纸

1) 施工场地及交通导改平面示意图；

2) 管线改移平面示意图；

3) 工期进度计划示意图。

32 概　　算

32.1 项目总概算书

32.1.1 编制说明

1) 编制范围

明确本项目初步设计概算编制的费用范围。

2) 编制依据

列明本概算编制的依据文件，一般包括本项目可行性研究报告批复文件、国家相关规范标准、地方政府相关计价依据文件、初步设计图纸及工程数量等。

3) 工程概述

简要描述本项目工程主要技术经济特点，包括以下方面。

(1) 建设规模、工程总量、起讫点与里程、线路形式（包括地下线、地面线以及高架线长度及所占比例）；

(2) 车站、区间、车辆综合基地、主变电站（所）、运营控制中心的分布状况；

(3) 车辆、主要设备的配置情况；

(4) 设计方案概要介绍；

(5) 项目主要工程内容汇总表（营造表）。

4) 编制单元划分

明确本项目初步设计概算编制单元的划分与界面，并附分项设计概算编制单位分工表。

5) 采用定额及取费标准

明确本项目各分项工程采用的定额及取费标准，以及本项目统一采用的估算费用指标和统一规定，如土方运距、装修费用指标、站内设施指标等。

6) 人工、材料、机械台班及设备价格

(1) 明确本项目采用的价格编制期；

(2) 明确本项目采用的人工、机械及材料价格及依据；

(3) 明确本项目设备询价采用的原则。

7) 工程建设其他费用

逐项说明工程建设其他费用与专项费用的取费依据与标准。

8）预备费用

说明基本预备费和价差预备费的计算方法及依据。

9）专项费用

分项说明建设期贷款利息、车辆购置费和铺底流动资金的计算方法及依据。

10）其他需说明的问题

（1）本项目换乘站、控制中心等投资费用说明；

（2）其他需说明的问题。

11）工程投资及技术经济指标

说明本项目工程投资及技术经济指标，并简要分析与可行性研究报告批复投资的对比情况。

32.1.2 表格

1）总概算表；

2）综合概算表；

3）概算与可行性研究报告投资对照分析表；

4）主要工程数量表；

5）人工及主要材料单价和数量汇总表。

32.2 概算书

项目概算书依据本项目确定的概算编制单元划分和概算文件分册组成规定编制。

32.2.1 编制说明

1）编制范围

明确本概算编制单元（册概算文件）初步设计概算编制的费用范围。

2）编制依据

列明本概算编制的依据文件，一般包括本项目可行性研究报告批复文件、国家相关规范标准、地方政府相关计价依据文件、初步设计图纸及工程数量等。

3）工程概述

简要描述本项目工程设计方案。

4）采用定额及取费标准

明确本项目各分项工程采用的定额及取费标准，以及本概算编制采用的估算费用指标和原则。

5）人工、材料、机械台班及设备价格

（1）明确本项目采用的价格编制期；

（2）明确本项目采用的人工、机械及材料价格及依据；

（3）明确本项目设备询价采用的原则。

6）其他需说明的问题

7）工程投资及技术经济指标

32.2.2 表格

1）概算信息统计表；

2）总概算表；

3）综合概算表；

4）单位工程概算表；

5）人工及主要材料单价和数量汇总表；

6）主材汇总表、主要设备表（设备系统）；

7）补充单价分析表。

33 安 全 防 范

33.1 设计说明

33.1.1 概述

33.1.1.1 工程概况

33.1.1.2 设计依据

33.1.1.3 设计年限及设计范围

33.1.1.4 上一阶段审查意见和执行情况

33.1.2 设计采用的规范及标准

33.1.3 系统构成及设计方案

33.1.3.1 主要设计原则

33.1.3.2 工作方式及流程

33.1.3.3 设备构成及功能

33.1.3.4 设备设置方案

33.1.3.5 与相关专业的接口

33.1.3.6 用房及人员配备

33.1.4 存在的问题及下一阶段设计注意事项

33.1.5 主要工程数量

33.2 设计图纸

1）典型车站或各车站安检设备平面布置图；

2）车辆综合基地周界防范系统图；

3）车辆综合基地周界防范设施分布图。

城市轨道交通工程施工图设计文件编制深度

施工图设计文件的深度应达到能据以编制施工图预算、安排设备和材料订货、非标准设备的制作、施工和安装及调试、进行工程验收。

施工图设计应根据已批准的初步设计文件进行编制，内容以图纸为主，应包括：封面、图纸目录、设计说明、图纸等。

施工图文件一般以专业、站、段或系统独立编册。

1　线　　路

1.1　设计说明

1.1.1　工程概述

1.1.2　设计范围

编写本工程起讫点、走向、主要经由地点及街道。

1.1.3　设计依据及标准

包括设计合同及任务书，上一阶段设计文件及审批意见，有关规范及技术规章。线路平面、纵断面等设计调整优化。

编写本工程实际使用之线路技术标准。

1.1.4　初步设计评审意见和执行情况

1.1.5　设计方案

1）站间距分析、车站线位特征表，内容包括站名、站中心里程、地面高程、轨面高程、左右线坐标、线路方位角、坡度、站间距、站台形式及宽度等内容；

2）地下线、地面线、高架线分段统计长度及车站数，制成表格；

3）对全线右线的曲线数量、曲线长度、左右偏角等，按曲线半径分级进行统计和比重分析；

4）对全线右线纵断面坡段长度按坡度大小分级统计；

5）列出全线辅助线分布示意图；

6）线路工程数量，包括正线左右线、辅助线、道岔、车挡、道口等；

7）线路调整优化设计，内容包括平面、纵断面设计及辅助线平面、纵断面设计，重点是初步设计之后新设计的内容。

1.1.6 测量放线及施工应注意事项

附件：

1）左右线控制点加密之坐标计算表；

2）与本阶段线路设计有关的协议、纪要及公文；

3）地面线道口变更与有关乡（镇）级以上政府之补充协议。

1.2 设计图纸

1）线路平面、纵断面图

2）出入线平面、纵断面图（视设计分工而定）

3）联络线纵断面图（必要时）

4）线路平面图（图幅高度采用 420mm，比例 1：1000）

（1）现状 1：1000 地形带主要管线图（可用 1：500 地形图及管线原图加工），线路两侧地形各宽约 100m；

（2）规划道路及红线，规划拟建改建主要管线和动迁主要管线，在建及规划建筑物和构筑物轮廓线；

（3）本工程线路设计中心线（左、右正线，辅助线），车站、区间结构轮廓线，出入口、风道风亭、施工竖井、泵站、联络通道等附属结构轮廓线；

（4）左、右正线里程标及控制点里程加标（站中心、曲线头尾、附属建筑物中心等），左、右正线直线方位角（左右线平行只注右线方位角），左、右线间直线段线间距，同心圆曲线线间距；

（5）左右正线曲线要素标及交点坐标，车站标，站中心及主要道岔中心坐标；

（6）左右线中心至控制性建（构）筑物间之距离；

（7）预留规划交叉线换乘站及两侧区间线路中心线及结构轮廓线；

（8）以上内容较初步设计增加了主要管线资料图及左线详细设计资料，取消用地范围线。

5）纵断面设计图（图幅高度采用 594mm，比例：纵向 1：2000，竖向 1：200）

（1）地形剖面高程线、道路路中高程线，江河冲刷线，江河湖常水位及洪水位高程；

（2）地质剖面图，岩层分界线，地下水位线等；

（3）道路交叉与立交桥、铁路交叉、高压电力线交叉、主要地下管线交叉等里程位置及高程；穿越建（构）筑物基础控制高程；

（4）设计左右线轨面坡度高程线及结构顶、底板外缘高程线；

（5）轨道交通规划交叉线之轮廓位置线，大型的控制本工程高程位置的地下、地上管线及建（构）筑物轮廓位置线；

（6）纵断面图下方各栏主要有平面示意图、里程、地面高程、左右设计坡度、轨面设计高程、竖曲线半径，结构工法，左线断链等内容。纵断面图内容与初步设计比较，增加了左线设计资料显示。

6）坐标成果表

右线及左线坐标成果表分列。包括公里标、百米标、站中心、附属结构物中心、道岔中心及其他控制点加标的坐标；圆曲线（缓和曲线）头尾，曲中里程加标的坐标；曲线交点或分交点坐标；曲线要素、断链、方位角、点间距离长度等。

坐标成果表不作为设计文件之必须内容，可以与业主协商取消。

2 路　　基

2.1　设计说明

2.1.1　工程概述

一般路基与个别路基分布情况及设计内容，填料及压实标准，与其他专业接口说明，采用新技术情况等。

2.1.2　设计范围

2.1.3　设计依据及标准

上一阶段的设计及其评审结论、相关规范、外部输入条件、重要的会议纪要等；主要技术标准。

2.1.4　初步设计评审意见和执行情况

2.1.5　设计方案

1）路基断面形状和宽度，曲线和轨旁设施需要的路基加宽情况，路基基床设计，路基横断面形式、边坡坡率、护坡宽度、侧沟及排水沟尺寸，机械化养路作业平台的设置及尺寸，路基各部位的填料要求和压实标准，过渡段设计原则及断面形式，地基技术要求及加固方法等。

个别路基设计原则：按工点类型分别说明。

2）工点设计范围、设计参数的选择，结构类型及构造要求，采用的先进技术等。

3）路基边坡防护及加固工程设计，排水系统（包括地面排水、地下排水及改沟改河等）。

2.1.6　环境保护及水土保持措施设计方案

2.1.7　施工注意事项

2.2　附件

1）路基工点表；

2）挡土墙表；

3）路基加固及防护工程表；

4) 区间路基土石方数量汇总表；

5) 区间路基土石方调配明细表；

6) 区间路基排水工程数量表；

7) 区间路基取弃土场防护工程数量表；

8) 路基稳定及沉降监测断面布设表；

9) 无砟轨道路基高程设计表；

10) 有关协议、纪要及公文；

11) 采用国家或相关部委标准图、通用图一览表；

12) 图纸目录。

2.3 设计图纸

1) 一般路基设计横断面图。

图中填绘线路中心线、地面高程、路肩高程、中心填挖高、路基面宽度、边坡坡率，护坡宽度及坡率，路基断面挖方、填方数量。横断面位置为曲线特征点，直线地段间隔 50m、曲线地段间隔 20m 分别设置横断面，比例 1：200。

2) 个别路基设计图（按工点分别编制）。

3) 平面图（必要时作）：填绘地形、地质资料及工程建筑物的具体位置（包括起、终点里程，工程范围及变化点等），比例 1：500～1：2000。

4) 纵断面图（必要时作）：填绘地质资料及工程建筑物的具体位置（包括建筑物特征点高程、地面高程、基础结构高程等），比例根据具体情况确定。

5) 横断面图：填绘地质资料及工程建筑物的具体位置（内容及横断面位置与一般路基横断面相同），比例 1：200。

6) 过渡段设计图，比例根据具体情况确定。

7) 路基工程结构物设计详图（包括结构平面、立面、侧面图及钢筋布置图、钢筋大样图及其他专业设在路基结构物上的相关设施等）。

8) 有关监测方面的设计图（有监测要求时），比例根据具体情况确定。

9) 排水系统平面图（可与路基工程平面图合并绘制）：侧沟、排水沟平面位置，水流方向，各段沟底高程及排水坡率，断面形式及加固类型，出口位置及与桥、涵或市政管网的衔接关系和高程。

10) 路基附属工程图，比例根据具体情况确定。

3 限 界

3.1 设计说明

3.1.1 工程概述

3.1.2 设计范围

3.1.3 设计依据及标准

上一阶段的设计及其评审结论、相关规范、外部输入条件、重要的会议纪要等；主要技术标准。

主要技术标准：主要论述与初步设计相比，制定限界发生变化的参数以及新增断面制定时，考虑的参数内容。

3.1.4 初步设计评审意见及执行情况

3.1.5 设备及管线的布置细则及注意事项

1）主要论述管线设备布置与初步设计发生变化的内容，与初步设计阶段相同的内容，不再论述；

2）主要论述安装管线设备时候需要注意的事项；

3）设备安装与设备限界间的安全间隙要求；

4）限界紧张地段，设备的特殊布置要求。

3.1.6 纵向疏散空间要求

3.1.7 建筑限界的制定

1）施工图设计阶段，以图纸为主，文字说明相对初步设计阶段，需要弱化；

2）施工图设计阶段，与初步设计阶段建筑限界相同的，不再论述；

3）施工图设计阶段，主要针对与初步设计阶段相比，发生变化的建筑限界制定做论述，同时，对新增的建筑限界断面以及新增的特殊断面建筑限界的制定做必要的论述。

3.1.8 竣工后限界检查注意事项

限界检查车的制定要求；侵限地段的整改要求。

3.1.9 其他事项

1）强调站台施工误差；

2）说明最高过站速度；

3）说明建筑限界不含施工、测量等误差；

4）车辆招标注意事项；

5）施工图设计与初步设计相比，优化的内容。

3.2 设计图纸

1）限界坐标总图；

2）区间直线、曲线地段矩形、圆形、马蹄形隧道限界图；

3）地下（地面线、高架线）岛式、侧式站台直线车站限界图；

4）区间直线、曲线特殊减振地段矩形、圆形、马蹄形隧道限界图；

5）道岔区、转辙机安装处、区间联络通道限界加宽图；

6) 隧道曲线段限界处理方法示意图；

7) 区间直线、曲线地段人防隔断门（或防淹门）限界图；

8) 射流风机处限界；

9) 圆形及单线马蹄形隧道曲线地段偏移量表；

10) 曲线车站站台、站台门限界图（含道岔影响的车站限界图）；

11) 区间直线、曲线地段 U 形槽、地面线、高架线限界图；

12) 车辆综合基地、存车线地段限界图。

注：图纸中确定供电、通信、消防等各种管线及设备的布置位置，详细标注各细部尺寸。车站站台限界图注明施工误差要求。车站限界图绘制车辆轮廓线、车辆限界及设备限界，绘制站台门限界。若设置疏散平台，区间断面限界图中应绘制疏散平台布置图。图面上几何尺寸关系均需标注清楚；图面标注应说明该图尺寸单位、比例、用途及要点。

限界图纸宜采用 A3 或 A3 加长图幅，图纸比例宜采用 1∶30、1∶40 或 1∶50。

4 轨　　道

4.1　设计说明

4.1.1　工程概述

工程基本情况，包括在线网中的空间位置及与其他线路的关系等，与轨道相关的线路全长、各类敷设形式的长度、最小曲线半径、线路坡度、车辆基地及联络线设置、车型、设计速度、供电方式等。

其他与轨道系统有关的工程特殊性描述。

4.1.2　设计范围

轨道设计具体里程范围，明确与其他线路的分界划分；明确与其他专业及系统的重点接口划分。

4.1.3　设计依据及标准

上一阶段的设计及其评审结论、相关规范、外部输入条件、重要的会议纪要等；主要技术标准。

4.1.4　初步设计评审意见和执行情况

4.1.5　设计方案

1) 施工设计设计方案与初步设计的变化说明；

2) 轨道主要几何技术参数，包括各种地段的轨距、曲线超高、轨底坡、轨枕布置间距、轨道结构高度等；

3) 轨道设备技术性能及要求的说明，包括钢轨及其连接件、扣件、轨枕、道岔、伸缩调节器、轨道附属设备以及其他特殊轨道设备等；

4）轨道结构构造设计及其技术要求的说明，包括道床、无缝线路、过渡段以及其他特殊轨道结构等；

5）轨道减振设备的技术性能与要求以及减振结构设计说明等。

4.1.6 轨道养护维修技术要求

主要针对特殊轨道结构在运营期间所需采取的特殊养护维修技术要求，如钢弹簧浮置板及其隔振器等。根据工程实际情况提出维修备品备料的数量。

4.1.7 铺轨基地

4.1.8 轨道施工技术要求

施工及验收所要遵循的规范及标准、施工准备、铺轨基标设置、轨道设备组装与架设、钢轨位置调整、整体道床施工、碎石道床施工、无缝线路施工、普通线路施工、轨道附属设备安装、特殊轨道设备安装及特殊轨道结构施工、施工注意事项、工程竣工验收等。

4.1.9 主要工程数量

各类铺轨长度、不同规格及种类的轨道设备及材料，按施工标段分别统计并考虑合理的施工损耗。

4.1.10 注意事项

4.2 设计图纸

1）各类非标设计的轨道设备安装图；

2）不同地段的道床设计详图；

3）无缝线路设计图及长轨条布置图；

4）整体道床铺轨综合图（按施工标段划分）。

5 车 站 建 筑

5.1 设计说明

5.1.1 工程概述

简述车站名称、建设地点、建设单位以及在城市中的位置，站位与周边道路、既有建筑和构筑物、市政基础设施（地下管线、人行地道或天桥、下穿道路或桥梁、附近水域或高压铁塔等）之间的关系，需要拆迁的房屋及改移的地下主要管线，车站与周边规划条件的关系，车站与周边地块开发结合情况，以及建筑面积、建筑工程设计等级、耐火等级、人防工程类别和防护等级及战时用途、结构特征和施工工法、设计使用年限、抗震设防烈度、地下结构防水等级。地上车站还需表述车站结构选型、屋面形式和防水等级等。

5.1.2 设计范围

1）项目组成及设计范围

2）分期建设的情况说明

车站预留出入口等附属设施或物业开发说明，以及远期建设的换乘车站预留换乘条件和后期施工条件等说明。

3）本册图纸设计内容及需分步出图的内容

5.1.3 设计依据

设计依据性文件名称和文号（如主管部门对初步设计的批文名称和文号，车站规划意见书，消防、人防主管部门的审批意见名称和文号，经有关部门审批的施工图设计技术要求等）；建设工程规划许可证。

采用的规范及规定：本专业设计所执行的主要法规和采用的主要标准（包括标准名称、编号、年号和版本号）以及设计合同等。

5.1.4 初步设计审查意见和执行情况

5.1.5 车站设计

1）车站坐标系的选用

2）车站站中心里程、坐标及标高

主体及附属建筑控制性尺寸及坐标，车站站台中心里程及中心里程上右线坐标，车站两端的设计分界里程；车站中心线（即车站中心里程）处站台面、轨顶面、站厅地面、设备层地面、结构顶板面、地面的绝对标高和总图相对标高关系，以及车站纵坡的坡向和坡度等。

3）车站规模

车站长度、宽度、层数和各层净高以及地上车站的建筑高度，结构顶板覆土厚度和车站埋置深度等控制性尺寸；车站总建筑面积以及车站主体和附属建筑分项面积。

4）车站形式、换乘方式及实施情况

说明车站的形式。换乘车站需说明换乘方式及近、远期实施情况（如近期一次建成的换乘车站空间利用和设备资源共享，远期建设车站的预留换乘条件或区间穿越等方式和分期实施结构的分界点），以及换乘节点公共区实现换乘功能转换时的平面布局和交通流线。

5）车站主体、配线及两端区间施工方法

简述车站主体施工方法，以及车站两端配线和区间施工方法（包括线路配线与车站关系，配线岔心距有效站台距离，盾构在本站吊出、始发、调头、过站等作业状况和结构加高、加宽范围，以及是否设轨排井等情况）。

终点站应交代预留线路延长条件及今后实施时对车站运营的影响。

6）车站公共区及设备、管理用房区的功能分区和平面布局，以及设备吊装孔和运输通道位置

7）出入口及风亭设置

车站出入口地面亭、风亭位置和形式，冷却塔的位置及其所处的地形地貌；出入口宽度、净高和长度；出入口地面亭、风亭的室外地坪标高；出入口平台标高、风口下沿标高；出入口与公交接驳关系以及自行车停车场的布置等。

8）车站公共设施设置

楼梯、自动扶梯、电梯、售检票、电话亭、安检设施（如有）布局。

自动扶梯选型、宽度、速度、提升高度及数量；电梯选型、载重量、停站数、速度、轿箱尺寸、提升高度及数量；自动售检票选型及数量。

9）室内净高及楼面装修厚度

10）地上车站或换乘交通枢纽站、终点站的站前广场（包括道路、消防车道、绿化，以及自行车、出租车或P＋R小汽车停车场）布置

5.1.6 车站防火、防淹设计，人防设计及环境保护

1）车站防火设计

（1）车站各部位的耐火等级。

（2）车站公共区及设备管理用房区的防火分区及防烟分区的划分及面积。

（3）车站安全疏散。

简述车站安全区的设定，远期高峰小时（或控制期）上下车的客流，站台至站厅楼扶梯通过能力和事故疏散时间，付费区栅栏门和检票机疏散能力，出入口数量、宽度和楼扶梯通过能力，站台、站厅和设备管理用房区的疏散距离，以及消防专用通道和楼梯的设置等。

（4）换乘车站、商业开发及车站特殊部位的防火分隔。

简述车站与相邻建筑及商业开发连接处的防火分隔措施，车站配线上方商业与车站非付费区防火分隔措施，以及车站内小商铺防火分隔措施；换乘车站站厅公共区防火分隔、安全出口、疏散距离，不同形式换乘车站的防火分隔措施，以及换乘楼扶梯开口处或换乘通道连接处的防火分隔措施；车站公共区楼扶梯穿越设备用房的防火分隔措施和站台楼扶梯开口处的档烟措施，以及车站公共区内的自动扶梯下底坑和机械传动部分的防火分隔措施；公共区楼扶梯下设房间时的防火分隔措施。

（5）车站物业开发防火设计。

说明物业开发的性质及防火分区、防烟分区的划分及面积，安全出口的设置、疏散距离、疏散宽度等。

（6）车站出入口、风亭与相邻建筑的防火间距。

2）车站防淹设计

说明城市或车站所处地区100年一遇最高洪水位，车站出入口、风亭等开口处的室内外地面标高及防淹措施等。

3）车站人防设计

说明车站人防等级、防护单元划分范围、防护门设置、平战转换措施、与城市既有人防设施的连接要求，以及各种管线穿越人防设施的要求等。

4）环境保护

说明车站所处的区域类别，以及风亭、冷却塔距各类区域敏感点的控制距离及噪声限值和采取的防噪、减振、环保等措施。

5.1.7　建筑构造做法

1）标准图集选用

2）车站用房内隔墙的墙体材料选用及抗震构造措施

3）楼面防水措施及材料的选用，墙面防水、防潮措施

4）防火、防烟构造措施

简述防火墙、防火门、防火窗、防火卷帘门、挡烟垂壁、挡烟垂帘的耐火极限和技术要求，钢结构的防火措施，以及吊装孔、贯通墙体的设备箱体和管线穿越防火墙的封堵措施等要求。

5）楼梯及自动扶梯

对楼扶梯开口处栏杆的防撞要求、栏杆高度、固定方式及水平荷载等要求。

5.1.8　车站无障碍设计

简述无障碍设计对盲道设置位置及材料的选用要求，对无障碍电梯、无障碍专用厕所内部设施要求，以及对楼梯台阶及扶手等设施的要求。

5.1.9　车站设备用房区装修说明及做法（公共区装修单独成册）

1）设计依据，装修范围，装修标准及原则；

2）装修概况；

3）标准图的选用；

4）装修材料做法表，房间装修材料选用表，房间名称；

5）涂料等材料的选用和做法；

6）饰面装修材料的环保要求。

5.1.10　对采用新技术、新材料的做法说明及对特殊建筑造型和必要的建筑构造的说明

5.1.11　门窗选型及数量表

1）地下车站的门窗选型和数量表，以及门窗性能（防火、隔声、气密性等）和用料、颜色、玻璃、五金等的设计要求；需要抗活塞风压的特殊防火门技术指标和安装要求；

2）地上车站的门窗的选型和数量表，以及门窗性能（防火、隔声、抗风压、保温、气密性、水密性等）和用料、颜色、玻璃、五金等的设计要求。

5.1.12 地上车站幕墙工程（玻璃、金属、石材）及特殊屋面工程（金属、玻璃等）的性能及制作要求（节能、防火、安全、隔声构造等）

5.1.13 地上车站围护结构建筑节能措施

1）采用的规范；

2）项目所在地的气候分区；

3）根据项目所在地的气候分区，以及确定的车站最终立面方案，对需设供暖、空调系统的设备管理用房区（或站厅公共区）能耗特征进行全年耗能计算，确定围护结构的传热系数，明确采用的墙体材料、厚度和构造措施；简述围护结构的屋面（包括天窗）、外墙（非透明幕墙）、外窗（透明幕墙）、架空或外挑楼板等构造组成和节能技术措施，明确外窗和透明幕墙的气密性等级；

4）简述设备用房区和站厅公共区的窗墙面积比以及可开启窗面积比；

5）根据项目所在地的气候分区，对需遮阳的车站，明确遮阳措施和构造。

5.1.14 车站需要采取的安全防范、防盗要求及具体措施

5.1.15 需要另行委托设计、加工的工程内容的必要说明，以及需要专业公司进行深化设计的部分，对分包单位明确设计要求，确定技术接口的深度

5.1.16 施工注意事项和其他需要说明的问题

5.1.17 地上车站站前广场以及车站设有站前人行集散广场、机动车及非机动车停车场、公交港湾的设计

1）简述车站站前广场总体设计依据标准和原则；

2）站前广场土方平衡设计原则和做法；

3）站前广场小品设计原则和做法；

4）站前广场交通接驳设施设计原则和做法；

5）站前广场绿化设施设计原则和做法；

6）详图和做法大样图。

5.2 设计图纸

1）总平面图 1：500；

2）站厅、站台层或设备层平面图（含防火分区示意图）1：200 或 1：250、1：300；

3）站台板下墙沟平面图 1：200 或 1：250、1：300；

4）车站其他层平面图 1：200 或 1：250、1：300；

5）站厅、站台层或设备层的分段平面图 1：100；

6）站台板下墙沟分段平面图 1：100；

7）车站其他层部分分段平面图 1：100；

8）车站纵剖面图 1：200 或 1：300；

9）车站纵剖面分段图 1:100；

10）车站横剖面图 1:100、1:200 或 1:300；

11）变电所、男女厕所、水泵房及需要放大的设备用房平面图 1:50；

12）车站主体内各种楼梯、电梯、扶梯的平面图、剖面图 1:50、1:100 和节点大样图；

13）站台层侧墙、电缆管墙平面图、立面图、剖面图及节点大样图；

14）车站出入口通道、紧急疏散通道（含楼扶梯）及无障碍电梯平面图、纵剖面图、横剖面图 1:150、1:100；

15）车站出入口地面亭和紧急疏散地面亭及无障碍电梯地面亭平面图、剖面图、立面图 1:100，1:50，外檐墙身节点图 1:20；

16）车站风道平面图、纵剖面图、横剖面图 1:150、1:100；

17）车站风亭局部总平面图 1:200 或 1:250；

18）车站风亭平面图、剖面图、立面图 1:100、1:50，屋顶平面图 1:100，外檐墙身节点图 1:20；

19）车站站前广场总平面图 1:500；

20）车站站前广场局部总平面图 1:200、1:250；

21）车站站前广场场地平面图 1:200、1:250；

22）车站站前广场地面铺装平面图 1:200、1:250；

23）车站站前广场绿化平面图 1:200、1:250；

24）车站站前广场小品分布和景观平面图 1:200、1:250；

25）小品立面图 1:100、1:50；

26）详图大样 1:100、1:50。

注：1. 在施工图设计阶段，建筑专业设计文件应包括图纸目录、设计说明、设计图纸和计算书。图纸目录应先列出所绘制的图纸，后列选用的标准图或重复利用的图纸。

2. 施工图可分步分册出图。如第一册为车站主体及出入口通道、风道部分；第二册为出入口地面厅、风亭部分；第三册为站厅、站台公共区精装修。

3. 与轨道交通结合的地面建筑应按住房城乡建设部《建筑工程设计文件编制深度规定》（建质〔2008〕216 号）执行。

4. 车站出入口地面亭、风亭外装修如单独招标设计时，应在 5.1.15 条中说明，设计图纸目录中注明"空缺"字样。

5. 分段平面图应在图角位置加分段位置示意图。

6. 地上车站图纸比例参照《房屋建筑制图统一标准》GB/T 50001 及《建筑制图标准》GB/T 50104 执行。

6 地 下 结 构

6.1 设计说明

6.1.1 工程概况

1）工程位置说明，如车站站位、区间走向；

2）工程周边环境情况说明，如建（构）筑物、管线、道路、桥梁、交通枢纽、河湖等；

3）工程建筑方案介绍，车站工程包括车站类型（起终点站、中间站、换乘站）、站台形式（岛式、侧式等）、车站建筑物组成（主体建筑、出入口、风道、消防通道等）、车站规模（车站长度、层数、站台宽度及车站标准段宽度、建筑总面积等）；区间工程包括区间长度、形式、区间附属工程（风井、联络通道、泵房等）设置情况等；

4）工程总体施工方法及结构型式介绍；

5）本工程与相邻工程的关系，如车站与两端区间的工法、接口、盾构井或竖井设计等。

6.1.2 设计范围

本工程施工图出图情况介绍，以及本册施工图的具体设计内容及其设计范围。

6.1.3 设计依据及标准

1）设计依据。任务书、基础资料、规范等，包括工程的设计合同、初步设计文件、环评报告、政府批文、业主下发的相关会议纪要和联系单、总体下发的设计资料、技术要求、机电设备对土建要求、设计文件组成与内容、工程地质勘察报告（详勘或补勘）、地形资料、重要建（构）筑物调查成果、各级标准规范等。应列出资料的名称、编号及完成单位等。

2）设计原则。包括结构设计应满足的规范和规定的基本设计原则、基本要求（如功能、安全、经济及环境保护要求等），以及其他设计原则如各种结构构件截面设计原则、基坑支护（矿山法初期支护）与永久结构之间的结合设计原则等。

3）设计标准。主要包括设计使用年限、环境类别、抗震设防烈度及抗震等级、防水等级、防火等级、人防抗力标准和防化等级、结构安全等级及结构重要性系数、基坑变形保护等级、地面变形控制要求、结构裂缝控制等级、盾构法和矿山法地面沉降控制标准、钢筋混凝土结构裂缝和变形控制标准、抗浮设防水位及抗浮安全系数、钢结构防腐防锈标准、防洪设计标准等。

6.1.4 初步设计及抗震专项、风险专项等评审意见和执行情况

6.1.5 工程地质及水文地质概述

1）场区地形地貌，地质构造，岩土工程地质（含土层主要物理力学参数建议值），

场地土类型及建筑场地类别；

2）水文地质（包括各层地下水位及承压水水头高度、抗浮设防水位、渗透性系数、地下水腐蚀性等）；

3）场地地震效应；

4）围岩分级及土石可挖性分级；

5）不良地质（如巨厚淤泥层、沼气、湿陷或膨胀地基、漂石地层、上软下硬地层、含水粉细砂层、液化地层、地裂缝、断层破碎带、岩溶等）；

6）岩土工程评价、注意事项及建议（应根据地质评价结论，对地下工程的围护结构形式、隧道开挖方法、地下水处理、盾构机选型等内容提出建议）。

6.1.6 结构设计及构造要求

1）结构设计

根据本图册工程结构的具体情况，主要说明本册图所涉及的结构整体设计方案、设计荷载及组合、主要设计参数、总体施工步序、环境类别及作用等级等内容。

对于明挖、盖挖逆作法工程，重点说明基坑分期施工顺序、各分段基坑围护结构设计参数、内支撑形式及布置、主体结构与围护结构的关系、地下水处理措施、抗浮措施、抗震措施、回填土材料要求等内容。对于抗拔桩、抗压桩，应有试桩要求的相关内容。

对于矿山法工程，重点说明施工竖井和施工导洞设计、暗挖进洞方式、施工辅助措施、不良地质处理措施、地下水处理措施、爆破控制标准及措施、地质超前预报要求、初期支护及二衬结构设计、各断面类型主要支护参数、断面开挖步序、竖井回填封堵等内容。

对于盾构法工程，重点说明区间盾构井设计、管片衬砌设计（含标准环和特殊环衬砌设计）、进出洞地层加固、区间接口设计、联络通道结构及地层加固等内容。

2）构造要求

结构构造要求包括钢筋混凝土保护层厚度；钢筋的锚固与连接；变形缝、施工缝、后浇带或诱导缝的设置要求及构造要求；分布筋、拉结筋以及抗震构造要求等。

3）与其他专业接口预留要求

包括与车站两端区间接口预留、人防接口、防雷接地、杂散电流防护、站台门接口等要求及详图索引。

6.1.7 风险工程设计

如工程存在以下情况之一时，应进行自身风险工程施工设计：超深基坑、超大跨隧道、通过不良地质地段或可液化地层、基础托换、超接近施工、地下结构作为高层建筑或城市桥梁的基础等。

当工程下穿或周边存在距离较近的房屋建筑、重要地下管线和地下构筑物、干线道路、既有铁路或地铁、大型桥梁、水系（江、河、湖泊）等环境设施，工程施工可能影响其安全性能或使用功能时，应进行有针对性的环境风险工程施工设计，一般包括风险工程概况、环境设施资料调查、风险工程计算分析、风险工程变形预测及安全性评估、变形控制指标、风险控制措施、专项监控量测、应急预案等内容。

6.1.8 监控量测

提供监控量测平面图，必要时给出断面图，并说明监控量测项目、测点布置及监测频率要求。监控量测项目一般分为必测项目和宜测项目，包括地层、地下水、围（支）护结构、主体结构以及周边环境构筑物的力（或）变形监测项目。说明重要监控量测项目的监测允许值、报警值、变化速率等控制指标。

6.1.9 结构防水

包括防水设计原则、设计依据、防水等级及标准；防水主要技术标准及要求；地下结构自防水措施及施工要求、地下结构辅助（外包）防水措施、特殊部位防水构造措施（含变形缝、施工缝、后浇带、诱导缝、桩头、格构柱等）、接口防水措施及要求；防水层及防水构造措施的施工工艺要求、防水材料的选择及物理性能指标要求、不同防水材料的搭接过渡；防水层的保护措施及要求；细部节点构造；隧道限量排水设计等内容。

6.1.10 工程材料

包括各构件的混凝土强度等级、抗渗等级、最大水胶比、单方混凝土胶凝材料最小用量等，并从构件特性对混凝土材料提出具体要求。

钢筋和钢材的种类、焊条类型及焊缝等级、螺栓及紧固件的性能等级、钢筋连接器的性能等级等，并对钢构件的防腐、防锈、防火等提出要求。

地层加固注浆材料要求。

6.1.11 计算书（归档，但不作文件交给甲方）

根据工程施工方法及结构型式的不同，一般包括以下项目（但不限于）：

地层情况及其物理力学参数；计算理论、计算方法及计算程序；设计荷载及组合；结合施工步骤及不同部位选取计算断面、计算工况（含一次全加载或模拟实际施工工况的分次加载）及计算简图；结构内力及变形计算、计算结果分析；结构构件设计（配筋计算、抗裂验算）；基坑稳定性验算；结构抗浮计算；结构及地层变形计算；中间立柱及桩基的受力和位移计算；其他计算项目。对于形式复杂的结构、复杂的结构节点、重要环境保护对象，应进行整体有限元计算分析。

6.1.12 主要工程数量

根据业主的要求，以表格形式给出本册图纸设计范围内主要工程数量清单，包括土（石）方开挖及回填量、围护结构及支护结构、衬砌混凝土方量、钢筋重量以及钢支撑、锚杆、钢围檩、格栅钢架、防水层、超前支护、地层注浆、地层加固、临时工程凿除等工程量。

6.1.13 施工注意事项及技术要求

为确保施工安全及工程质量，应对关键事项提出施工注意事项及技术要求，如：

1) 基坑的土方开挖、架、拆撑要求，支撑（锚杆）的设计轴力及预加轴力值，施工限载，临时边坡稳定，施工精度，基坑边外放，围护结构及中间桩基后压浆，围护结构（地墙或支护桩）、基础桩、锚杆检测方法及频率要求；

2) 区域降水、坑（洞）内降水、止水帷幕、降承压水头；

3) 地层加固方法、加固后土体的强度及抗渗性能；

4) 施工中对地质情况、管线情况的核查及确认、动态设计；

5) 矿山法竖井开挖，施工斜井或出渣支洞相关内容（如无轨、有轨运输要求，避车避人洞设置要求，运输车辆限速要求等），马头门加强措施，暗挖进洞及转换，超前支护，预留变形量，隧道的开挖方法、步长、台阶长度或导洞间拉开的距离，衬背注浆等，控制爆破标准及措施；

6) 混凝土浇筑和养护、构件浇筑顺序、钢结构的加工、组装及就位精度；

7) 管片的制作及拼装精度、联络通道施工、近接施工要求等；

8) 地面沉降控制措施；不良地质地段，与既有建（构）筑物处于超接近状态施工的技术措施及采用特殊方法（基础托换、冻结法等）的施工要求；

9) 监控量测测点的设置与保护、监测数据的及时有效性；

10) 对施工单位的施工组织设计和筹划及应急预案的相关要求、动态设计要求等；

11) 针对批复的环评报告，提出本工程采取具体环境保护措施及要求。

6.2 设计图纸（地下车站和区间工程）

6.2.1 明挖、盖挖逆作法车站和区间工程施工设计图纸内容

1) 施工总平面图（含本工程建筑物组成、施工总体流程、分段施工方法、周边环境设施、相邻车站或区间的工法、车站附属及区间附属等）1：500或1：1000；

2) 地质纵剖面图（分左右线）纵向1：500或1：200竖向1：200；

3) 基坑围护结构平面、纵剖面图1：200或1：100；

4) 基础及地基处理设计图（针对不良地质）1：200或1：100；

5) 基坑围护结构横剖面图1：100；

6) 基坑围护结构配筋图及构造详图（含锚杆、钢支撑及接头、临时立柱及连系梁构件、基础、挡墙等）1：50；

7) 盖挖逆作法中间立柱及桩基础设计图1：50；

8) 临时路面系统设计图（主要有军便梁、钢盖板路面系统、混凝土盖板路面系统等）；

9) 降水设计图；

10) 施工步序图；

11) 环境设施保护设计图（风险源专项设计图）；

12) 监控量测图；

13) 各层结构板平面、纵剖面、横剖面布置图1：200或1：100；

14）所有主体结构和内部结构（含站台板、列车顶排风道）的配筋、节点大样、开洞、预埋件图 1∶100 或 1∶50；

15）施工缝、变形缝、后浇带或诱导缝构造图及节点详图；

16）车站主体与区间、风道、出入口通道接口设计图；

17）站台门预埋件布置图及预埋件详图 1∶100、1∶50；

18）其他相关图纸（如区间隧道中心线与线路中心线偏移设计图等）。

注：主体结构指地下工程承受外围水土荷载、地震、人防作用，保障结构体系整体稳定的车站（含出入口、风道）和区间（含区间风道、联络通道）主要受力结构，包括顶板及顶板梁、底板及底板梁、中楼板及楼板梁、中间立柱、侧墙及侧墙梁、矿山法二次衬砌、盾构法管片等构件。内部结构指地下工程主体结构内、独立承受内部荷载作用的构件，如站台板、楼梯及其他内部墙体、柱子、楼板、梁等构件。

6.2.2 矿山法车站和区间工程施工设计图纸内容

1）施工总平面图（含本工程建筑物组成、施工竖井和通道布置、施工总体流程、分段施工方法、周边环境设施、车站附属及区间附属等）1∶1000 或 1∶500；

2）地质纵剖面图 1∶500 或 1∶200；

3）施工步序图；

4）初期支护结构、钢拱架组装及配筋图、节点大样图（含施工竖井及通道结构）；

5）二次衬砌结构、钢筋、节点大样图；

6）洞门设计图（如有）；

7）马头门支护结构及加强措施图；

8）工程施工措施设计图（包括辅助措施设计图、不良地质体处理措施设计图、地下水处理设计图等）；

9）对于排水型隧道还应补充隧道排水路径设计图，排水管沟设计图等；

10）环境设施保护设计图（含风险源专项设计图）；

11）监控量测图；

12）内部各层（梁、板、柱、站台板、楼梯、列车顶排风道、电梯井结构等）结构、钢筋、开洞、预埋件等图 1∶100 或 1∶50；

13）施工缝、变形缝、后浇带或诱导缝构造图及节点详图；

14）车站主体与区间、风道、出入口通道接口设计图；

15）站台门预埋件布置图及预埋件详图 1∶100、1∶50（建议列入第 12 项的内部结构中）；

16）其他相关图纸（如区间隧道中心线与线路中心线偏移设计图等）。

6.2.3 盾构法工程施工设计图纸

1）施工总平面图（含本工程建筑物组成、中间盾构井、施工总体流程、周边环境设施、车站附属及区间附属工程等）1∶500 或 1∶1000；

2）纵剖面图（含地质）1∶200，纵向比例1∶500；

3）隧道中心线与线路中心线偏移设计图；

4）标准衬砌环构造图、楔形衬砌环构造图1∶20；

5）管片构造图、管片细部构造图、管片配筋图1∶10；

6）特殊衬砌环设计图（如钢管片、半钢半混凝土管片等）1∶10；

7）管片预埋件图1∶10；

8）后浇环梁图1∶10；

9）进出洞土体加固图；

10）工程施工措施设计图（包括辅助措施设计图、不良地质体处理措施设计图、地下水处理设计图等）；

11）区间联络通道平面、剖面结构图（含地层加固、排水泵站）1∶50；

12）区间联络通道钢筋图（含初期支护、二次衬砌）1∶50；

13）环境设施保护设计图（含风险源专项设计图）；

14）监控量测图；

15）其他相关图纸。

6.2.4 地下结构防水施工设计图纸

1）不同工法的结构横剖面防水构造（示意）图；

2）细部节点防水图；

3）施工缝、后浇带、诱导缝、变形缝防水图；

4）止水构件详图；

5）车站与附属结构接口以及车站与区间接口防水构造图；

6）出入口等洞口部位防水层预留构造图；

7）通风道、通风井、出入口通道防水图；

8）附属结构防水图（包括防水层收口做法、特殊部位防水做法）；

9）矿山法区间纵剖面分区、注浆示意图；

10）盾构区间进出洞口防水图；

11）盾构管片密封垫示意图；

12）盾构内嵌缝防水图、手孔封堵防水图。

7 高 架 结 构

7.1 高架区间结构

7.1.1 设计说明

7.1.1.1 工程概况

设计范围内城市规划或布局、河流、城市道路、公路、铁路和地下管线和高压架空电线分布情况。高架车站和区间高架桥的主要结构形式。

7.1.1.2 设计范围

本施工设计文件的设计内容、高架车站或区间长度范围说明。

7.1.1.3 设计依据及标准

1）设计依据。执行现行地铁、工业与民用建筑结构设计规范，铁路桥涵设计规范，《地震安评报告》；参考现行公路桥梁设计规范，项目工程初步设计文件及其审查意见。

2）主要设计原则。桥梁布置满足跨越道路交通、铁路、河流通航泄洪要求，考虑沿线地下管线、高压架空电线分布情况。结构满足强度刚度、耐久性和抗震要求，桥面布置空间满足车辆限界、设备管线、轨道、信号设备布置要求，满足防杂散电流、防雷接地等要求。

3）主要设计标准。线路最小曲线半径、线间距、列车最大设计时速。桥梁结构设计使用年限、跨越河流防洪频率、跨越道路净空、抗震设防烈度等。

7.1.1.4 初步设计评审意见和执行情况

7.1.1.5 工程地质及水文地质概述

工程所在地区的地震基本烈度、工程地质和水文地质情况简介，其中对特殊地质条件、现有建（构）筑物制约条件等应详加说明。

7.1.1.6 沿线地下管线情况

7.1.1.7 设计方案

1）一般地段高架区间标准梁结构型式

（1）设计荷载及其组合；

（2）主要建筑材料，包括主梁结构和下部结构等；

（3）主梁结构，主要断面形式说明；下部结构，采用的桥墩和基础形式说明；

（4）结构耐久性要求，对于普通钢筋混凝土结构和预应力混凝土结构的耐久性设计与施工养护方面要求和说明；

（5）桥面设施及细部结构说明，包括防水层及其保护层、栏杆、接触网立柱基础及其预埋件、声屏障基础及其预埋件；

（6）支座及伸缩缝，支座布置原则、支座选型，伸缩缝布置原则及其选型；

（7）抗震设计及构造措施；

（8）区间高架桥施工方法，说明该工程采用的施工方法，施工阶段描述等；建议采用的施工质量评定及验收规范。

2）特殊地段桥梁结构型式

跨越道路、河流、铁路等特殊结构节点桥梁。包括桥梁形式、桥跨布置、与上跨设施（道路河流等）的净空、净高限界等关系说明。

3）施工顺序说明

4）施工监测要点说明

7.1.1.8 结构防水

7.1.1.9 计算书（归档，但不作文件交给甲方）

7.1.1.10 主要工程数量

分上部结构、下部结构和附属结构等。

7.1.1.11 施工注意事项及技术要求

提出施工控制安全附加荷载、控制施工质量、关键环节施工顺序、施工检测等要求。

7.1.1.12 标准图集选用

7.1.2 设计图纸

1）桥址平面图，桥梁总布置图：

桥址平面图，包括桥梁平面布置，桥址地形、地貌，周边道路布置情况和地面构筑物、地下管线，河流沟渠分布，线位里程标，线位曲线参数，高程系统，坐标系统等；桥梁总布置图，包含桥梁平面、立面和横断面布置，桥跨布置，梁部、桥墩、承台和基础等主要结构尺寸、高程，桥址地质纵剖面，所跨越道路河流横断面等；

2）梁上部建筑布置图，包含桥面各专业设备及其限界；

3）区间预制标准梁平面布置图，包含曲线段各梁的偏角和特征点坐标等；

4）一般梁构造图，应包括立面图、平面图和横断面图；

5）钢结构图，应包含联结大样图、焊接方法和焊缝质量要求、涂装要求、制作安装要求和工程数量表；

6）梁预应力束布置图，包括立面和平面布置图、含预应力钢束及相关材料表；

7）梁普通钢筋图，包括钢筋数量表；

8）桥墩、桥台构造图，包括立面、侧面和横截面图；

9）桥墩、桥台钢筋图，包括钢筋大样图和钢筋数量表；

10）桥头搭板结构图，包括钢筋大样图和钢筋数量表（有桥头搭板时）；

11）承台和基础结构及配筋图，包括钢筋大样图和钢筋数量表；

12）桥面防水、排水图，包含平面排水布置图、泄水管位置；

13）附属结构图，桥梁栏杆图（包含疏散通道结构、声屏障立柱基础及其预埋件、接触网立柱基础及其预埋件等）；

14）支座布置图，包含支座的类型规格和对应桥墩位置；

15）支撑垫石布置图、包含支撑垫石尺寸、高程、坐标和工程数量表；

16）伸缩缝构造图；

17）施工阶段示意图（特殊桥梁）；

18）高架结构防雷接地图，区间高架结构防杂散电流图。

7.1.3 图纸要求

1）钢筋图含钢筋大样、钢筋明细表。

2）桥梁总平面图含各墩位布置、右线里程及墩中心坐标及方位角。包含相交道路、铁路、河流名称，高架桥位沿线道路机动车道、非机动车道、人行道和分隔带布置，道路地下管线大致分布情况，轨道交通线路平面要素。标准梁预制场位置和面积。

3）桥梁总图包含区间全桥平面图、纵立面、横断面、承台和桩基布置图，全桥主要工程数量表。内容包括：桥梁承台和基础平面布置、纵断面桥跨布置、桥梁横断面布置，各桥墩里程、高架线轨顶标高、上跨道路、铁路、桥梁桥下净空。包含相交道路、铁路、河流名称，高架桥位沿线道路机动车道、非机动车道、人行道和分隔带布置，道路地下管线分布情况。

7.2 高架车站结构

7.2.1 施工图阶段设计文件应包括图纸目录、设计说明、设计图纸和计算书

7.2.2 当包含较多的钢结构设计时，应单独编制钢结构设计说明

7.2.3 高架车站结构

一般包含车站主体结构、附属结构、牵引变电所（如有）、轨道梁（如有）和人行天桥结构，车站结构设计文件按以上各部分分别编制。

7.2.4 高架车站主体结构

分为框架式结构和桥式结构，框架式结构施工图设计文件的编制深度规定参考《建筑工程设计文件编制深度规定》；桥式结构施工图设计文件的编制深度规定参考本规定中有关高架区间结构施工图设计文件编制深度的规定。

7.2.5 附属结构和牵引变电所结构

附属结构和牵引变电所结构施工图设计文件深度规定参考《建筑工程设计文件编制深度规定》施工图阶段有关规定。

7.2.6 轨道梁（如有）设计说明书

7.2.6.1 轨道梁设计依据及技术标准

车辆类型、最高设计时速、采用的现行设计规范和参考规范版本等。

7.2.6.2 设计荷载及荷载组合

车辆荷载、二期恒载组成、主力和主加附荷载组合说明。

7.2.6.3 主要材料

结构混凝土强度等级、预应力钢束型号、钢筋类型等。

7.2.6.4 结构耐久性设计

结构环境作用类别，主要材料技术参数要求等。

7.2.6.5 结构分析

1）采用的结构分析程序名称、版本号、编制单位；

2）结构分析所采用的计算模型、结构分析输入的主要参数，必要时附计算模型简图。

7.2.6.6　施工工序

7.2.7　轨道梁设计图纸

1）梁立面图、跨中和梁端横剖面图；

2）预应力钢束布置图（包含预应力钢束大样图、预应力工程数量表）；

3）钢筋布置图（包括钢筋大样图、钢筋工程数量表）、钢筋立面图、钢筋剖面图；

4）支座布置图；

5）一片梁的完整工程数量表（包括混凝土数量、预应力钢束、锚具和波纹管工程数量、各种规格的钢筋工程数量、桥面防水工程数量等）。

7.2.8　轨道梁计算书

7.2.9　人行天桥设计说明

7.2.9.1　设计方案概述

人行天桥平面和立面布置设计说明等。

7.2.9.2　设计依据及技术标准

1）跨越地面道路等级净空要求；

2）结构的设计使用年限；

3）采用的设计技术规范和标准的名称版本等。

7.2.9.3　设计荷载及荷载组合

7.2.9.4　主要结构材料

7.2.9.5　结构耐久性设计

7.2.9.6　主梁结构设计

7.2.9.7　墩柱及基础结构设计

7.2.9.8　步梯结构设计

7.2.9.9　栏杆及其他附属设计

7.2.9.10　结构分析结果

7.2.10　人行天桥设计图纸

1）天桥平面、立面总布置图（包含主梁、梯道梁、桥墩、桥台和基础）；主梁结构立面、平面、剖面图、钢筋布置图或钢结构图；钢结构图，应包含联结大样图、焊接方法和焊缝质量要求、涂装要求、制作安装要求和工程数量表；

2）梯道梁结构立面、平面和剖面图、钢筋布置图或钢结构图；钢结构图，应包含联结大样图、焊接方法和焊缝质量要求、涂装要求和工程数量表；

3）桥墩、桥台平面、立面和剖面布置图；基础平面、立面布置图、基础图墩柱和基础钢筋布置图；

    4）栏杆扶手等附属结构图；

    5）工程数量表。

7.2.11　人行天桥计算书

1）提供计算采用的软件、版本等；

2）主梁、梯道梁、桥墩、桥台和基础结构计算结果。

8　供　　电

8.1　供电系统

8.1.1　设计说明

8.1.1.1　工程概况

简述线路形式、长度，地下、地上车站数量、平均车站间距，控制中心、车辆综合基地的设置。

8.1.1.2　设计范围

8.1.1.3　设计依据及标准

包含初步设计文件、本次设计文件涉及的相关规范及标准、会议纪要和互提资料单、主要技术参数。

8.1.1.4　初步设计评审意见和执行情况

8.1.1.5　设计方案

简述中压网络和系统电缆敷设方式，电缆支架形式等技术要求。

8.1.1.6　其他需要说明的问题

8.1.1.7　计算书（归档，但不作文件交给甲方）

包含中压网络最大、最小运行方式下短路电流计算，直流牵引供电系统短路电流计算。

8.1.2　设计图纸

1）供电一次系统图（含交流、直流）；

2）中压网络继电保护配置图；

3）系统电缆敷设平面及剖面图；

4）中压网络继电保护定值单；

5）直流牵引供电系统继电保护定值单。

8.2　变电所

8.2.1　设计说明

8.2.1.1　工程概况

1）主变电所

简述主变电所类型及形式，占地面积及总建筑面积，主变电所设备层、电缆夹层净空高度，外电源引入及中压电源引出路径。

2）车站变电所

简述本车站形式、面积及变电所类型，变电所在车站的位置分布，变电所设备层、电缆夹层净空高度。

3）车辆综合基地变电所

简述变电所类型、形式及在车辆综合基地的位置分布，变电所设备层、电缆夹层净空高度。

4）区间变电所

简述区间变电所类型及形式，区间变电所中心里程，区间变电所设备层、电缆夹层净空高度，区间变电所室内外高差。

5）控制中心变电所

简述控制中心规模、面积，变电所在控制中心的位置分布，变电所设备层、电缆夹层净空高度。

8.2.1.2 设计范围

8.2.1.3 设计依据及标准

包含初步设计文件、本次设计文件涉及的相关规范及标准、会议纪要和互提资料单、地质勘查报告、主要技术参数。

8.2.1.4 初步设计评审意见和执行情况

8.2.1.5 设计方案

1）电源引入、引出位置；

2）交流中压与低压、直流主接线形式及运行方式；

3）牵引机组、配电变压器设置及运行方式；

4）保护配置；

5）防雷及操作过电压措施；

6）接地装置及接地电阻说明。

8.2.1.6 施工注意事项

8.2.1.7 其他需要说明的问题

8.2.1.8 计算书（归档，但不作文件交给甲方）

低压负荷计算及配电变压器容量核算，变电所继电保护整定计算，直流操作电源蓄电池容量计算，低压线路单相接地故障保护有效性核算，接地电阻计算，跨步电压、接触电压计算。

8.2.2 设计图纸

1）主要设备材料表；

2）变电所主接线图；

3）交流中压、低压、直流开关柜排列图；

4）交直流自用电系统图；

5）设备布置平面、剖面图（含变电所位置图）；

6）设备孔洞及预埋件平面、剖面图；

7）电力电缆联系图；

8）电缆敷设平面、剖面图；

9）变电所继电保护配置图；

10）变电所交流中压配电系统二次原理图（含外部接线端子排）；

11）交流低压配电系统二次原理图（含外部接线端子排）；

12）直流牵引配电系统二次原理图（含外部接线端子排）；

13）通信、控制电缆联系图；

14）接地系统图；

15）接地装置布置平面、剖面图；

16）变电所接地线敷设平面图。

8.3 电力监控系统

8.3.1 设计说明

8.3.1.1 工程概况

简述线路形式、长度，各种变电所位置及数量。

8.3.1.2 设计范围

8.3.1.3 设计依据及标准

包含初步设计文件、本次设计文件涉及的相关规范及标准、会议纪要、互提资料单和主要技术参数。

8.3.1.4 初步设计评审意见和执行情况

8.3.1.5 设计方案

1）电力调度中心系统构成及数据容量要求；

2）牵引变电所综合自动化系统构成及数据容量；

3）降压变电所综合自动化系统构成及数据容量；

4）变电所综合自动化系统设备配置；

5）变电所综合自动化管线敷设方式；

6）电源、防雷与接地。

8.3.1.6 施工注意事项

8.3.1.7 其他需要说明的问题

8.3.2 设计图纸

1）主要设备材料表；

2）全线电力监控系统图；

3）变电所综合自动化系统图；

4）变电所三遥量表；

5）设备、电缆敷设平面、剖面图。

8.4 牵引网系统

8.4.1 设计说明

8.4.1.1 工程概况

简述线路形式、长度，地下、地上车站数量，地下隧道形状、施工工法，车辆综合基地的设置。

8.4.1.2 设计范围

8.4.1.3 设计依据及标准

包含初步设计文件、本次设计文件涉及的相关规范及标准、会议纪要和互提资料单、主要技术参数。

8.4.1.4 初步设计评审意见和执行情况

8.4.1.5 设计方案

8.4.1.6 施工注意事项

8.4.1.7 其他需要说明的问题

8.4.1.8 计算书（归档，但不作文件交给甲方）

架空接触网：支柱容量、弛度、跨距、直流电阻计算及不限于此的计算。

接触轨相关计算书。

8.4.2 设计图纸

1）接触轨系统

（1）主要设备材料表；

（2）接触轨系统电气系统图；

（3）接触轨系统布置平面图；

（4）接触轨零部件及安装图。

2）架空接触网系统

（1）主要设备材料表；

（2）架空接触网电气系统图；

（3）架空接触网布置平面图；

（4）架空接触网安装图；

（5）架空接触网非标零件图。

8.5 杂散电流腐蚀防护

8.5.1 设计说明

8.5.1.1 工程概况

简述线路形式、长度，地下、地上车站数量，道床形式，车辆综合基地的设置。

8.5.1.2 设计范围

8.5.1.3 设计依据及标准

包含初步设计文件、本次设计文件涉及的相关规范及标准、会议纪要和互提资料单、主要技术参数。

8.5.1.4 初步设计评审意见和执行情况

8.5.1.5 设计方案

1）杂散电流腐蚀防护要求；

2）排流网设置及截面；

3）排流柜运行方式；

4）监测设备安装；

5）电缆敷设及电源要求。

8.5.1.6 施工注意事项

8.5.1.7 其他需要说明的问题

8.5.1.8 计算书（归档，但不作文件交给甲方）

排流网钢筋截面积计算。

8.5.2 设计图纸

1）主要设备材料表；

2）杂散电流腐蚀防护系统图；

3）排流柜原理接线图；

4）钢筋焊接、引出端子要求；

5）监测设备安装图；

6）电缆敷设图（也可以由系统专业负责）。

9 通　　信

9.1 设计图纸

9.1.1 设计说明（可单独成册，也可在每册施工图中描述）

1）工程概况；

2）设计范围；

3）设计依据及标准；

4）设计方案，包括设计方案、设备安装、管线敷设、线缆的保护方式、设备的供电及接地等；

5）施工注意事项；

6）其他需要说明的问题；

7）主要工程数量表。

9.1.2 通信管路预埋图册（可选）

1）车站通信管路预埋图册（包括1~n个车站）；

2）车辆综合基地室外通信管道图册；

3）控制中心通信管路预埋图册。

9.1.3 通信管线图册

1）车站通信管线图册（包括1~n个车站）；

2）车辆综合基地通信管线图册（包括1~n个建筑单体）；

3）控制中心通信管线图册。

9.1.4 各系统（传输、公务电话、专用电话、无线通信、视频监视、广播、时钟、办公自动化、电源与接地系统、集中告警系统）图册（包含设备图册、线路图册）

9.1.5 设备布置平面图册（包括车站、车辆综合基地及控制中心等）

9.1.6 民用通信系统图册

1）车站民用通信管线图册（包括1~n个车站）；

2）干线通信光缆线路图册；

3）无线通信系统图册；

4）设备布置平面图。

9.1.7 公安通信系统图册

1）干线通信光缆线路图册；

2）公安图像监控系统管线图册（包括1~n个车站）；

3）公安无线系统图册；

4）设备布置平面图。

10 信 号

10.1 设计图纸

10.2 设计说明（可单独成册，也可在每册施工图中描述）

1）工程概况；

2）设计范围；

3）设计依据及标准；

4）初步设计评审意见及执行情况；

5）设计方案，包括设备布置、设备安装、管线敷设、线缆的保护方式、设备的供电及接地，设备型号及配置说明等；

6）施工注意事项；

7）其他需要说明的问题；

8）主要工程数量表。

10.3　控制中心图册

1）中心设备系统构成图；

2）中心室内设备布置图、管线预埋图；

3）中心设备电缆径路及相关配线图；

4）与相关系统的接口配线图；

5）中心设备电源配线图。

10.4　正线车站站台、站厅及区间沟槽管洞预埋（留）图

10.5　正线车站图册（含试车线）

1）车站（试车线）信号设备系统构成图；

2）信号平面布置图；

3）电缆径路及室外设备布置图；

4）室内设备布置图；

5）相关设备接口电路图（如果有）；

6）相关设备接口组合排列表、组合继电器类型表（如果有）；

7）电源系统配线图；

8）室外电缆配线图、室外设备箱盒配线图；

9）相关设备接口电路配线图（如果有）。

10.6　车辆综合基地沟槽管洞预埋（留）图

10.7　车辆综合基地图册

1）车辆综合基地联锁系统构成图；

2）信号平面布置图；

3）电缆径路及室外设备布置图；

4）电缆网络图；

5）室内设备布置图；

6）联锁表；

7）计算机联锁接口电路图；

8）组合排列表、组合继电器类型表；

9）室内（外）设备配线图、电源系统配线图。

11 通风、空调与供暖

11.1 全线系统设计说明

11.1.1 工程概况

11.1.2 设计范围

11.1.3 设计依据及标准

11.1.4 初步设计评审意见和执行情况

11.1.5 设计内容

全线隧道通风空调系统的系统形式、设计负荷、主要设备选型、运行模式、系统控制等。

11.1.6 其他需要说明的问题

11.2 全线系统设计图纸

1) 全线隧道通风空调系统原理图

表示隧道通风空调系统的风亭、风道、设备的相对位置（里程）关系及其编号。

2) 全线隧道通风空调设备控制模式表

以表格形式表示各设备在不同工况下的运行状态及工况转换条件。

11.3 车站及隧道工点系统设计说明

11.3.1 工程概况

11.3.2 设计范围

11.3.3 设计依据及标准

11.3.4 初步设计评审意见和执行情况

11.3.5 设计内容

各子系统的系统形式、设计负荷、主要设备选型、运行模式及系统控制等。

11.3.6 施工说明

设备运输、吊装、安装顺序说明；各类设备的安装说明；材料选用，以及材料的技术要求；参照的图集和标准图；对相关专业的要求；确定的分工或施工界面说明等。

11.3.7 其他需要说明的问题

11.4 车站及隧道工点系统设计图纸

1) 主要设备材料表

2) 车站总平面图 1∶500

注明风亭、冷却塔及室外机组等设备与车站及相邻地面建筑物的相对位置关系。

3) 车站通风、空调与供暖系统总平面图 1∶200～1∶300

包括各系统平面图及系统编号，各机房相对位置及设备布置的轮廓形状。

4）车站通风、空调与供暖管道平面、剖面图 1∶50～1∶100

绘出风管冷水管在车站吊顶内的布置定位尺寸；风管尺寸、风口的布置位置定位尺寸。注明风口、风阀的编号、规格型号。

5）车站及隧道通风空调机房平面图 1∶50

绘出通风、空调、制冷设备的轮廓、位置及编号，并注明设备和基础的定位尺寸。绘出连接设备风道、管道位置及走向，注明尺寸、管径。标注机房内所有设备及附件的位置、详图索引编号如各种仪表、阀门、柔性接头、过滤器等。

6）车站及隧道通风空调机房剖面图 1∶50

绘出对应于机房平面的设备、设备基础、风管、管道和附件的竖向位置、竖向尺寸和标高。注明设备编号。

7）隧道射流风机布置平面图 1∶200

8）隧道射流风机布置剖面图 1∶100

9）室外风亭平面、剖面图 1∶100

注明风亭、百叶、吊钩等设置位置及尺寸。

10）通风、空调与供暖系统原理图

注明管径、风量、设备编号。表示管道与设备的关系。

11）设备安装大样图

12）系统设备控制模式表

以表格形式表示各系统设备在不同工况下的运行状态及工况转换条件。

11.5 计算书（归档，但不作文件交给甲方）

冷负荷、热负荷、风量、冷冻水量、冷却水量、主要设备的选择等计算，与初步设计相比变化较大的模拟计算，以及需进行施工图审查的节能计算。

12 给水排水和消防

12.1 给水排水及消防给水系统

12.1.1 设计说明

12.1.1.1 工程概况

12.1.1.2 设计范围

12.1.1.3 设计依据及标准

12.1.1.4 初步设计评审意见和执行情况

12.1.1.5 设计内容

1）给水系统

（1）生产、生活给水系统；

（2）消防给水系统；

（3）循环冷却水系统；

（4）热水供应系统；

（5）中水系统。

2）排水系统

（1）污水系统；

（2）废水系统；

（3）雨水系统。

3）给水排水及消防系统控制要求

4）系统计算

5）灭火器的配置

6）管道保温（应说明常规保温盒电保温系统的设置原则及要求）

12.1.1.6 施工说明（关于施工安装等方面的要求）

12.1.1.7 计算书（归档，但不作文件交给甲方）

对初步设计中的计算书内容应重新计算校核。

12.1.2 设计图纸

1）主要设备材料表

2）室外给水排水及消防总平面图

绘出给水引入管管径、管长、位置及标高，给出阀门井、消火栓井、水表井、水泵接合器井的定位尺寸或定位坐标、编号及采用详图编号等。绘出排水出管管径、位置、管长、标高、水流坡度及排水流量等，检查井、化粪池和冷却塔给出编号、定位尺寸或定位坐标及采用的详图编号等。本图应有指北针。

3）站厅及站台层（含出入口、通道）给水排水及消防平面图

绘出给水排水及消防管道的位置、管径及标高，消火栓、洒水枪、地漏、横截沟、阀门等应有定位尺寸，应表示各类给水泵房、排水泵房、卫生间、脸盆、拖布池、专用消防器材箱的位置。必要时应绘制局部大样图。

4）给水系统图

包括生产、生活给水系统，热水系统、消火栓给水系统及自动喷水灭火系统图，图中应注明管径、标高。并绘出消火栓、洒水枪、喷头、水流指示器、阀门及其他用水接点位置。自动喷水灭火系统图应表示信号蝶阀，湿式报警阀，末端试水装置。绘制的范围应包括设计范围内的所有给水系统（含室外水表井、室外消火栓及水泵接合器等）。

5）冷却循环给水系统平面图及系统图

绘出管径、标高、阀门、水泵、水池及冷却塔位置、标高。

6）给水泵房图

绘出消防泵房、生活给水泵房、冷却水系统泵房的平面、剖面图及系统图，包括水泵布置尺寸、基础外框、螺孔尺寸，基础减振，城市自来水管接管管径、位置、起吊设备尺寸位置，水泵轴线，管道阀门标高、位置，防水套管位置、标高。并列出设备型号性能及材料表。

7）各种排水泵站（房）图

绘出泵房平面、剖面图及排水系统图，应表示水泵布置尺寸，基础减振措施，外框、螺孔尺寸、水泵轴线，管道管径、阀门位置、标高，防水套管位置、标高，和城市排水管接管管径及标高。水泵起吊设备尺寸、位置。列设备材料数量表。

8）横剖面图

绘出管道交叉位置较多处的横剖面图。

9）局部设施

当建筑物内有小型给水排水处理设施时，应绘出平面、剖面图及详图，注明引用的详图、标准图号。

10）区间给水排水及消防平面图

绘出区间消防给水管及排水管的管径（含出水方向）、位置，地下区间消防给水连通管，消火栓、检修阀门等的设计里程。

11）管道断面图

绘出区间消防给水管及排水管的管道布置断面图，过轨管大样图等。

12）卫生间大样图

绘出卫生洁具给水及排水管道的位置、管径、坡度等。

12.2 气体灭火系统

12.2.1 设计说明

12.2.1.1 工程概况

12.2.1.2 设计范围

12.2.1.3 设计依据及标准

12.2.1.4 初步设计评审意见和执行情况

12.2.1.5 设计内容

12.2.1.6 设计接口

12.2.1.7 其他需要说明的问题

12.2.1.8 计算书（归档，但不作文件交给甲方）

对初步设计中的计算书内容应重新计算校核。

12.2.2 设计图纸

1）主要设备材料表

2）管网系统原理图

绘出所有保护区管网系统组合分配的方案。

3）管网布置图

绘出所有气体灭火管道走向、位置、管径及主要标高等。

4）管网系统图

绘出气体灭火管道的标高、管径、喷头选型等。

5）气瓶间大样图

绘出气瓶间气瓶及管道的位置及定位尺寸等。

6）安装大样图

绘出气瓶支架、喷头支架等的安装大样图。

7）控制系统原理图（电气专业）

8）控制系统平面图（电气专业）

绘出探头、气体灭火放气指示灯、蜂鸣器及管线等的位置。

9）控制系统图（电气专业）

13 动 力 照 明

13.1 设计说明

13.1.1 工程概况

简述车站形式，车站总长、站台形式、车站总建筑面积、车站主体建筑面积、车站层数、层高、吊顶设置情况、垫层厚度、重要机房的防静电地板设置情况；出入口及通道数量、风道、风亭数量等；区间长度、区间形式（地下、地面、高架）；变电所的设置位置，环控机房及电控室、照明配电室位置设置等。

简述车辆综合基地、控制中心建筑物的建筑面积及结构类型；层数、层高、吊顶设置情况、垫层厚度、重要设备房的设置情况、防火分区划分情况等。

13.1.2 设计范围

13.1.3 设计依据及标准

13.1.4 初步设计评审意见和执行情况

13.1.5 设计方案

1）负荷等级及配电方式；

2）动力设计（配电原则、电动机起动方式、环控设备的供电及控制、水泵的供电及控制、其他设备供电、检修电源、动力设备总容量）；

3）照明设计（照明种类、照度要求、照明控制、应急照明、值班照明、广告照明、区间照明、安全特低电压照明、照明设备总容量）；

4）导线、电缆的选型及敷设方式；

5）设备选型及安装要求；

6）设备控制原理图的选择（尽可能使用标准图集，或使用专业标准图）；

7）防雷、接地及安全；

8）施工中应注意的问题。

13.1.6　施工注意事项

13.1.7　其他需要说明的问题

13.1.8　计算书（归档，但不作文件交给甲方）

对初步设计中的计算书内容应重新计算校核。

13.2　设计图纸

1）主要设备材料表

2）动力、照明总系统图

包括配电箱名称、编号、负荷等级、回路编号、电缆型号、电缆截面及电缆所穿管型号、管径、敷设方式及电缆长度。

3）应急照明系统图

双电源、负荷计算、照明箱编号、出线回路编号、线缆截面及电缆所穿管型号、管径、敷设方式等。

4）动力、照明系统图

展开图：配电箱负荷计算，进线、馈线的规格型号及所穿管型号、管径、编号和敷设方式，箱体尺寸，元器件规格，进线电源来处，出线回路负荷及负荷名称等。

5）环控电控柜（包括冷冻站设备）排列图

进线、出线回路编号，电缆编号、型号及规格，设备名称，设备功率，设备负荷，计算电流，一次设备规格及保护定值，柜深、柜宽、各回路组装尺寸等。

6）设备控制原理图（控制原理图编号，见通用图）

7）电缆（干线）平面、剖面图

用电设备配电箱、现场按钮箱位置，配电缆线编号，电缆桥架尺寸，电缆桥架电缆敷设路径，主要节点剖面（电缆排列及编号明晰）等。

8）动力平面图

用电设备位置、编号、功率，配电箱、现场按钮箱位置，配电缆线编号、型号、截面及所穿管型号、管径和敷设路径等。

9）照明平面图

照明配电箱位置，配电回路编号，灯具的数量、功率、安装方式、安装高度标注，开关控制对应灯具等。

10）插座平面图

照明配电箱位置、插座配电回路编号、插座位置、功率、安装方式、安装高度等。

本图也可以和动力平面图或照明平面图合并。

11）防雷平面图（接闪器、引下线等）

12）接地及等电位平面图

标注接地导体型号、截面、敷设路径及方式。绘制接地系统示意图。

13）有关安装大样

14 火灾自动报警

14.1 设计说明

14.1.1 工程概述

简述工程概况和本工程设有哪些与防灾有关的设备系统。

14.1.2 设计范围

叙述本系统设计涉及的工程范围及系统所包括的设计内容。

14.1.3 设计依据及标准

列出设计所依据的规范和有关文件。叙述设计所遵循的主要原则，包括确定防范的灾害种类、设防等级、国家有关消防方针等。

14.1.4 设计方案

1）系统构成。概要说明系统构成、中心级构成、车站级构成、车辆综合基地构成、区间系统构成、全线网络及接口。

2）系统功能。概要叙述系统具备的功能，明确中心级功能、车站级功能。

3）系统方案。概要叙述系统方案、中心级与车站方案、区间方案、与气体灭火接口方案、与环境与设备监控、综合监控系统关系等。

4）设备配置及设备接口。根据不同场所而选择的探测器类型配置，根据不同的联动控制对象所选择的各类模块配置以及与这些设备的接口位置和要求。

5）电源及接地。

6）施工应注意的问题。

14.1.5 设备安装及管线敷设。简述设备安装及管线敷设的要求和原则

14.1.6 其他需要说明的问题

14.2 设计图纸

1）主要设备材料数量表；

2）车站系统图；

3）控制点表；

4）站台、厅层火灾自动报警平面图；

5）车辆综合基地系统图、平面图（如有）；

6）运营控制中心系统图、平面图（如有）；

7）控制流程表；

8）系统模块箱接线图。

15　环境与设备监控

15.1　设计说明

15.1.1　工程概述

简要介绍工程概况和本工程设有哪些设备系统。简述系统所管理的地域范围和控制对象及其内容。

15.1.2　设计范围

15.1.3　设计依据及标准

列出设计所依据的规范和有关文件；相关专业提供的资料要求，作为编排控制程序和系统设计的依据。

叙述系统设计所遵循的主要原则，包括系统规模划分、全线网络组成的原则，以及与火灾自动报警系统的联动控制关系等。

15.1.4　设计方案

1）系统构成、中心级构成、车站级构成、车辆综合基地构成、区间系统构成、全线网络及接口方案；

2）叙述系统具备的功能，明确中心级功能、车站级功能；

3）系统配设，包括中心级、车站级设备和现场级设备等的设置；

4）简述设备安装及管线敷设的要求和原则；

5）电源及接地；

6）施工应注意的问题。

15.1.5　其他需要说明的问题

15.2　设计图纸

1）主要设备材料数量表；

2）车站系统图；

3）各车站站台、厅层环境与设备监控平面图；

4）运营控制中心系统图、平面图；

5）车辆综合基地系统图、平面图；

6）控制点表；

7）控制流程表。

16 自动售检票

16.1 设计说明

16.1.1 工程概况

说明线路概况、工程概况、用房构成、用房所处位置、车站终端设备所处位置等与自动售检票系统相关的基本情况。

16.1.2 设计范围

16.1.3 设计依据及标准

包括初步设计文件、评审意见、主要出入资料、会议纪要等。说明与相关工程设计规范、标准及所采用的图集。

16.1.4 设计方案

1）系统构成，中心级构成、车站级构成、车辆综合基地构成、区间系统构成、全线网络及接口方案；

2）系统具备的功能，明确中心级功能、车站级功能；

3）系统配设，包括中心级、车站级设备和现场级设备等的设置；

4）简述设备安装及管线敷设的要求和原则；

5）电源及接地；

6）施工应注意的问题；

7）说明管线施工、线缆敷设、设备安装等主要技术要求及注意事项。说明施工图所采用线缆编号规则及管线敷设位置代号含义。说明施工图所采用代号、符号含义。

16.1.5 其他需要说明的问题

16.2 设计图纸

1）设备材料数量汇总表；

2）网络系统图；

3）配电系统图；

4）各车站、控制中心、车辆综合基地总体设备平面布置图；

5）各车站、控制中心、车辆综合基地设备、管线平面布置图；

6）典型设备布置及安装关系图。

17 自动扶梯和电梯

17.1 设计说明

17.1.1 工程概况

17.1.2 设计范围

17.1.3 设计依据及标准

17.1.4 初步设计评审意见和执行情况

17.1.5 设计方案

17.1.6 其他需要说明的问题

17.2 设计图纸

1）主要工程数量；

2）设备平面布置图；

3）站台、厅层自动扶梯工艺布置图；

4）站台、厅层无机房电梯工艺布置图；

5）出入口自动扶梯工艺布置图（根据车站情况按各出入口编制）；

6）出入口无机房电梯工艺布置图（根据车站情况按各出入口编制）。

施设阶段，本专业图纸按站编制成册。

18 综 合 监 控

18.1 设计说明

18.1.1 工程概况

18.1.2 设计范围

18.1.3 设计依据及标准

18.1.4 设计方案

对设备配置和联动控制及接口应作较详细说明。

1）系统构成，中心级构成、车站级构成、车辆综合基地构成、区间系统构成、全线网络及接口方案；

2）系统具备的功能，明确中心级功能、车站级功能；

3）系统配设，包括中心级、车站级设备和现场级设备等的设置；

4）简述设备安装及管线敷设的要求和原则；

5）电源及接地；

6）施工应注意的问题。

应增加对设备安装、管线敷设、电源与接地等施工中具体问题的说明。

18.1.5 其他需要说明的问题

18.2 设计图纸

1）全线系统图；

2）车站系统图；

3）车站控制室设备布置图；

4）站台、厅层综合监控平面图、干线图；

5）运营控制中心系统图、平面图；

6）主要设备材料数量表。

19 乘 客 信 息

19.1 设计说明

1）工程概况；

2）设计范围；

3）设计依据及标准；

4）设计方案，简述系统构成和功能，对设备配置和联动控制及接口的详细说明，应增加对设备安装、管线敷设、电源与接地等施工中具体问题的说明；

5）施工注意事项；

6）其他需要说明的问题。

19.2 设计图纸

1）控制中心图册（含全线系统图、设备连接图、平面布置图、机房布置图）；

2）车站图册（含全线系统图、设备连接图、平面布置图、机房布置图）；

3）车辆综合基地图册（含全线系统图、设备连接图、平面布置图、机房布置图）。

20 办 公 自 动 化

20.1 设计说明

1）工程概况。

2）设计范围。叙述本系统设计所涉及的工程范围及系统所包括的设计内容。

3）设计依据及标准。说明系统目前所采用的规范、甲方来文、其他设计输入文件。叙述系统设计所遵循的主要原则，主要从系统的可靠性、安全性、可扩充性、经济性方面设计原则进行描述。主要从系统硬件建设是否分期和系统软件包含哪些方面内容进行叙述。

4）设计方案。

5）对系统完成的功能进行论述，同时对其中主要功能方面进行较详细的论述。

6）对于综合维修中心 OA 终端配置、站务管理及 OA 终端配置、车站管理内容、车站工作岗位设置、车站人员的工作班制进行分析。对系统的存储设备、网络设备、安全设备、综合布线系统进行分析描述。

7）软件建设方案。操作系统、数据库、中间件、数据引擎；软件体系结构；应用软件。

8）对于全线系统的组网方案进行描述，包括是否独立组网，网络带宽进行描述。

9）信息点布置。

10）管线敷设及设备安装要求。

11）系统接口。

12）电源与接地、保护。

13）施工应注意的问题。

14）其他需要说明的问题。

20.2 设计图纸

1）控制中心图册（含全线系统图、设备连接图、平面布置图、机房布置图）；

2）车站图册（含全线系统图、设备连接图、平面布置图、机房布置图）；

3）车辆综合基地图册（含全线系统图、设备连接图、平面布置图、机房布置图）。

21 门 禁

21.1 设计说明

21.1.1 工程概况

21.1.2 设计范围

21.1.3 设计依据及标准

21.1.4 设计方案

说明系统构成、设备配置（中心级、车站级）、门禁监控点设置、系统功能、接口设计、门禁设备安装及线路敷设、电源与接地及其他。

21.2 设计图纸

1）门禁系统主要设备图例符号；

2）中央级主要设备材料表；

3）车站主要设备材料表（各站均有此项）；

4）车辆综合基地主要设备材料表；

5）全线、车站、控制中心、车辆综合基地系统图；

6）控制中心门禁系统设备平面布置图；

7）车站门禁系统设备平面布置图（各站均有此项）；

8）车辆综合基地门禁系统设备平面布置图（需布置门禁监控点的单体建筑）。

22 站 台 门

施设阶段，本专业图纸原则按照通用图＋各站施工图编制。

22.1 通用图册

22.1.1 设计说明

22.1.1.1 工程概况

22.1.1.2 设计范围

22.1.1.3 设计依据及标准

22.1.1.4 设计方案

说明主要技术参数、相关接口、接地及绝缘、安装施工说明。

22.1.1.5 施工应注意的问题

22.1.1.6 其他需要说明的问题

22.1.2 设计图纸

1）监控系统、电源、接地构成图；

2）标准门单元布置图；

3）安装剖面及与土建接口详图（含端门单元）；

4）预埋件布置图（如果有）。

22.2 各车站图册

22.2.1 设计说明

22.2.1.1 工程概况

22.2.1.2 执行通用图情况

22.2.1.3 主要技术参数

22.2.1.4 主要安装说明

22.2.1.5 其他需要说明的问题

22.2.2 设计图纸

1）主要设备材料数量表；

2）车站站台门平面布置图；

3）车站站台门平面、立面详图；

4）站台门设备室布置图；

5）站台、厅层站台门管线布置图；

6）设备层站台门管线布置图（如果有）。

23 声 屏 障

23.1 设计说明

23.1.1 工程概况

23.1.2 设计范围

应列表说明工程涉及的噪声敏感点名称，与线路的相对位置关系。

23.1.3 设计依据及标准

包括设计依据及采用的规范、各噪声敏感点采用的噪声标准、声屏障位置、高度、长度、厚度等参数的确定原则。

23.1.4 初步设计评审意见和执行情况

23.1.5 声学设计基础数据

包括列车运行计划表、列车运行噪声值，并应列表说明工程涉及的噪声敏感点的背景噪声情况。

23.1.6 设计方案

应列表说明针对不同的噪声敏感点设置的声屏障设置形式及设置里程、不同形式声屏障的结构组成形式、声屏障材料及构件选择、密封构造要求。

23.1.7 其他需要说明的问题

23.2 设计图纸

1）主要设备材料数量表

2）声屏障平面布置图 1:1000

应分段详细标明声屏障的起点、终点里程及平面位置，噪声敏感区的位置及与线路的距离。

3）声屏障横剖面图 1:50

横剖面图为垂直线路方向的剖面。应表示出各种类型声屏障在横断面上与线路、限界、电缆托架以及人行步道等的相对位置，声屏障的横断面结构。

4）声屏障纵向视图 1:50

纵向视图为线路外侧垂直线路方向的视图。应表示出各种类型声屏障的框架、声屏障板、栏杆等在线路纵向方向的布置情况。

5）声屏障伸缩缝做法大样图

应表示伸缩缝处声屏障框架、吸声隔声板、隔声窗、顶部隔声板材的连接方式、密闭措施。

6）声屏障板构造图

表示声屏障板各部分的材质、构造及尺寸。

7）声屏障立柱预埋件图

表示声屏障立柱预埋件平面、剖面尺寸。

8）地面段声屏障立柱基础平面布置图

表示地面段声屏障立柱基础平面位置及尺寸。

9）声屏障钢架断面图（结构专业）

10）声屏障钢架平面图（结构专业）

11）声屏障钢架立面图（结构专业）

12）声屏障钢架柱脚构造详图（结构专业）

13）钢架结构节点详图（结构专业）

14）地面段声屏障钢架基础图（结构专业）

24 车站内部管线综合

24.1 设计说明

24.1.1 工程概况

简述车站站位、出入口、风亭、冷却塔的设置位置以及车站周边环境，车站形式及换乘方式，车站平面布局、层数及各层的净高和吊顶高度要求，车站规模和各层面积，车站各部位的防火分区、防烟分区划分，以及防火分隔（包括楼扶梯穿越设备用房的防火分隔位置等）。

24.1.2 设计范围

包括车站组成范围，机电设备专业各系统、各类管线以及综合吊架设计范围。

24.1.3 设计依据及原则

相关专业提供的施工设计基础资料，主要法规和所采用的主要标准，总体单位提供的车站管线综合施工设计技术要求。

主要设计原则和技术标准同初步设计内容，内容可以适当简化。

24.1.4 初步设计评审意见和执行情况

24.1.5 设计分界点

24.1.6 设计方案

1）尺寸单位及管线标高

2）设计接口说明

（1）说明各专业管线之间、管线与设备之间接口关系；

（2）说明管线维修、运输与建筑空间之间接口关系；

（3）说明管线与建筑（平面布局、建筑功能分区分界处，楼扶梯、内隔墙、构造柱、圈梁、门洞、吊装孔等）之间接口关系，管线与装修（地面、吊顶、墙面）之间接口关系，管线与结构（梁、板预留孔洞，顶底板纵梁、防护段、预埋件）之间接口关系，管线与防火分隔物（穿越防火墙、楼板、防火卷帘门等）之间接口关系。

24.1.7 其他需要说明的问题

24.2 设计图纸

1) 管线图例及专业代码；

2) 站厅层天花、地板管线综合平面布置图；

3) 站台层天花、板下管线综合平面布置图；

4) 站厅、站台层天花管线综合分段平面图；

5) 站台板下管线综合分段平面图；

6) 其他设备层天花、地板管线综合平面图；

7) 各层管线剖面图；

8) 管线密集区平剖面节点大样图；

9) 站厅、站台层综合吊架范围图（如有综合吊架）。

注：1. 车站管线综合平面布置图比例为1：200，分段平面图比例为1：100，剖面图比例为1：50，综合吊架图比例为1：20或1：30。

2. 对管线密集区应增加剖面图，标明管线与相邻管线及墙体、顶板及吊顶间的距离，并标注主要交叉点上、下管线的标高和水平间距。

25 车 辆 综 合 基 地

25.1 工艺

25.1.1 设计说明

设计说明应附在各检修车库（车间）图册之前，应对车库（车间）的组合形式、主要参数及工艺流程进行简单、扼要的叙述。初步设计评审意见和执行情况。

视需要在图中对设计技术要求进行说明。

25.1.2 设计图纸

各检修库、运用库、检修车间设备平面布置图及设备表、设备定位图、剖面图、大样图、设备基础图。

各辅助车库、车间设备平面布置图及设备表、设备定位图、剖面图、大样图、设备基础图。

室内外压缩空气管线平面图、系统图和工程数量表。

室外管线综合图。

25.2 站场

25.2.1 设计说明

25.2.1.1 工程概况

场区自然环境（气候、工程地质及水文地质、城市规划）。

25.2.1.2 设计范围

25.2.1.3 设计依据及标准

25.2.1.4 设计说明

阐述与初设不同的部分，对增加的部分进行必要的说明，对变更的部分说明变更的原因和效果。

25.2.1.5 其他需要说明的问题

25.2.1.6 主要工程数量

25.2.2 设计图纸

1）站场线路平面设计图 1：500 或 1：1000

图纸带地形和指北针，标注道岔型号、交点、道岔和股道编号、线路长度及曲线要素，标注轴线里程及坡度标，场区控制基线及坐标，附股道表、坐标表、曲线表及主要工程数量表，图例及简要说明。

2）线路轴线纵断面设计图，横 1：1000，竖 1：100

填绘地质资料，标注轴线百米标、公里标即变坡点里程，设计纵断标明坡段长度、坡段值、坡向、竖曲线要素及轨顶设计标高，标注挡土墙与高架桥分界里程，简要说明。

3）站场横断面设计图 1：200 或 1：300

填绘测量、地质资料，标注横坡长度、坡度、坡向及流水方向，标注轨道中心线、排水沟（管）、道路及厂房位置及间距，标注路肩、轨道中心线、边坡点的路基标高，标注水沟顶、底及厂房室外的地面标高，标注断面里程号、断面面积及填挖方数量，土石方计算表，简要说明。

4）车场出入线平面设计图 1：1000

图纸带地形，设计起点的正线里程、白米标、公里标，标注道岔型号、控制点里程、坡度标，标注线路长度，曲线要素，交点及起讫点坐标，主要工程数量表，简要说明。

5）出入线纵断面设计图（同站场纵断面图）

6）出入线路基设计图 1：50

填绘地质资料，确定路基面宽度、边坡比例和排水沟宽度，挡土墙、路基（路堑）断面宽度，挡土墙、小桥涵设计图，主要工程数量表，简要说明。

7）道路平面设计图 1：1000 或 1：500

图纸带地形、指北针，标明道路位置中心线坐标路面宽度，道路结构图，图例及简要说明。

8）排水设计图 1∶500 或 1∶1000

图纸带地形、指北针，标明排水沟的位置、种类、水流方向、检查井编号、井间距、坡度及管径，附检查井标高表、坐标表、工程数量表，图例及简要说明。

9）排水主干管纵断面设计图 1∶1000

检查井井盖、井内上、下段管道内底标高和井底标高，检查井井距、管径、坡度及设计流量，非标准排水构筑物结构设计图，检查井、跌水井型号及跌差，简要说明。

10）室外管线综合设计图 1∶1000、1∶500、1∶200。

11）专用线设计图（按工业企业标准轨距设计规范）

（1）说明书；

（2）线路平面图 1∶1000 或 1∶2000；

（3）线路纵断面图，横 1∶2000，纵 1∶200；

（4）路基横断面及排水图 1∶50；

（5）小桥涵结构图，挡土墙图，用地界图；

（6）水准基点表、坐标表、曲线表、轨道工程数量表、土石方计算表、征地拆迁数量表。

25.3 其他专业

结合轨道交通特点内容及相关专业章节，参照住房城乡建设部《建筑工程设计文件编制深度规定》执行。

26 运 营 控 制 中 心

26.1 工艺

26.1.1 设计说明

26.1.1.1 工程概况

26.1.1.2 设计范围

简述本工程的设计主要内容，如调度大厅、设备机房、网络管理、共用路径等。

26.1.1.3 设计依据及标准

相关的设计规范、设计标准、会议纪要。

26.1.1.4 设计方案

按专业布置、综合布置等说明调度大厅、设备机房、网络管理室布置方案。

26.1.1.5 技术接口要求

与建筑、结构、供电、通风、给水排水等相关专业接口要求等。

26.1.1.6 其他需要说明的问题

26.1.2 设计图纸

1）调度大厅调度台、设备机房、电源室、网络管理室、培训管理室设备工艺布置图；

2）调度大厅调度台、设备机房、电源室、网络管理室、培训管理室强、弱电线槽敷设平面、剖面图。

26.2 其他专业

结合轨道交通特点内容及相关专业章节，参照住房城乡建设部《建筑工程设计文件编制深度规定》执行。

27 人 防 工 程

27.1 设计说明

27.1.1 工程概况

27.1.2 设计范围

27.1.3 设计依据及标准

27.1.4 初步设计评审意见和执行情况

27.1.5 设计方案

1）建筑。说明全线抗力级别标准，防护单元设置，紧急掩蔽人数，人员出入口，通风口，平战功能转换，管线密闭。

2）结构。说明抗力级别、工程材料，人防结构计算。

3）孔口防护。说明人员出口，隧道口，通风口，换乘通道与区间防护，平战功能转换等。

4）通风。说明清洁式通风新风量及通风工况，隔绝式防护时间，滤毒式通风新风量，滤毒式通风主要人员出入口最小换气次数及工程内部超压，平战功能转换等。

5）给水排水。说明战时用水、储水及洗消水量标准，战时给水排水系统，闸阀设置，平战功能转换，工程材料及管线施工说明等。

6）电气。说明战时供电电源形式，战时负荷划分，战时应急照明、人防设备与正常照明配电方案。

7）人防信号、通信。说明人防防护设备集中信号室及电话设置方案。

27.1.6 其他需要说明的问题

主要工程数量（必要时）。

27.2 设计图纸

人防工程总图和各防护段的建筑图、结构图，其平面、剖面和断面图应准确，详尽，满足土建施工及防护设备安装要求。防护设备图纸另册。风、水、电专业按人防要求进行施工设计。

28 交 通 衔 接

28.1 设计说明

28.1.1 工程概况

28.1.2 设计范围

28.1.3 设计依据及标准

采用的设计及施工规范、规程和工程验收标准。交通衔接工程设计标准、技术要点。

28.1.4 初步设计评审意见和执行情况

28.1.5 设计方案

1) 交通衔接工程平面布局设计，各部分位置及尺寸。

2) 构筑物工程设计。

(1) 路面（含主、辅路及人行步道）结构设计，包括设计标准、设计弯沉值、结构组合形式及采取的技术措施；

(2) 人行集散广场、机动车及非机动车停车场、公交港湾设计，包括基础及铺装等技术措施；

(3) 人行过街设施工程设计；

(4) 公交站场设计，包括内部道路、管理用房及其他管理设施的工程设计，必要时可作为单项工程组织工程设计；

(5) 道路排水，交通工程设施，供电及照明，环境工程设计，其他设计情况；

(6) 采用新技术、新材料、新设备及新工艺等情况；

(7) 需要特殊说明的问题。

3) 施工注意事项。

(1) 施工前准备工作，包括拆迁、征地、迁移障碍物等；

(2) 管线升降、挪移、加固、预埋与其他市政管线的协调配合；

(3) 新技术、新材料等的施工方法及特殊构筑物的做法和要求；

(4) 重要或有危险性的现况地下管线施工时应注意的事项；

(5) 对施工的特殊要求。

28.1.6 主要工程数量

28.2 设计图纸

1) 全线车站分布示意图；

2) 示出全线各站位置，沿线主要道路的概略位置及相对关系；

3) 车站交通衔接平面设计图，比例 1：500～1：1000，内容同初步设计要求；

4）交通衔接设施各部分详细设计图，比例 1：200～1：500；

5）路面结构设计图；

6）挡土墙、涵洞及附属构筑物图；

7）换乘标识布置图；

8）工程特殊部位技术处理的主要图纸；

9）桥梁、排水、绿化景观、供电、照明、监控、通信等设施设计图。

29 特 别 说 明

除本规定另有说明外，设备制造所涉及的内部工艺、二次接线等资料套用设计单位图签时，设计单位对设备功能是否满足工程需要、外部接口是否符合设计文件需要负责。

设计单位应对施工单位提供的基坑内钢支撑活络接头的承载能力进行核算，由施工单位负责实施。

主要设备材料表应注明其用途。